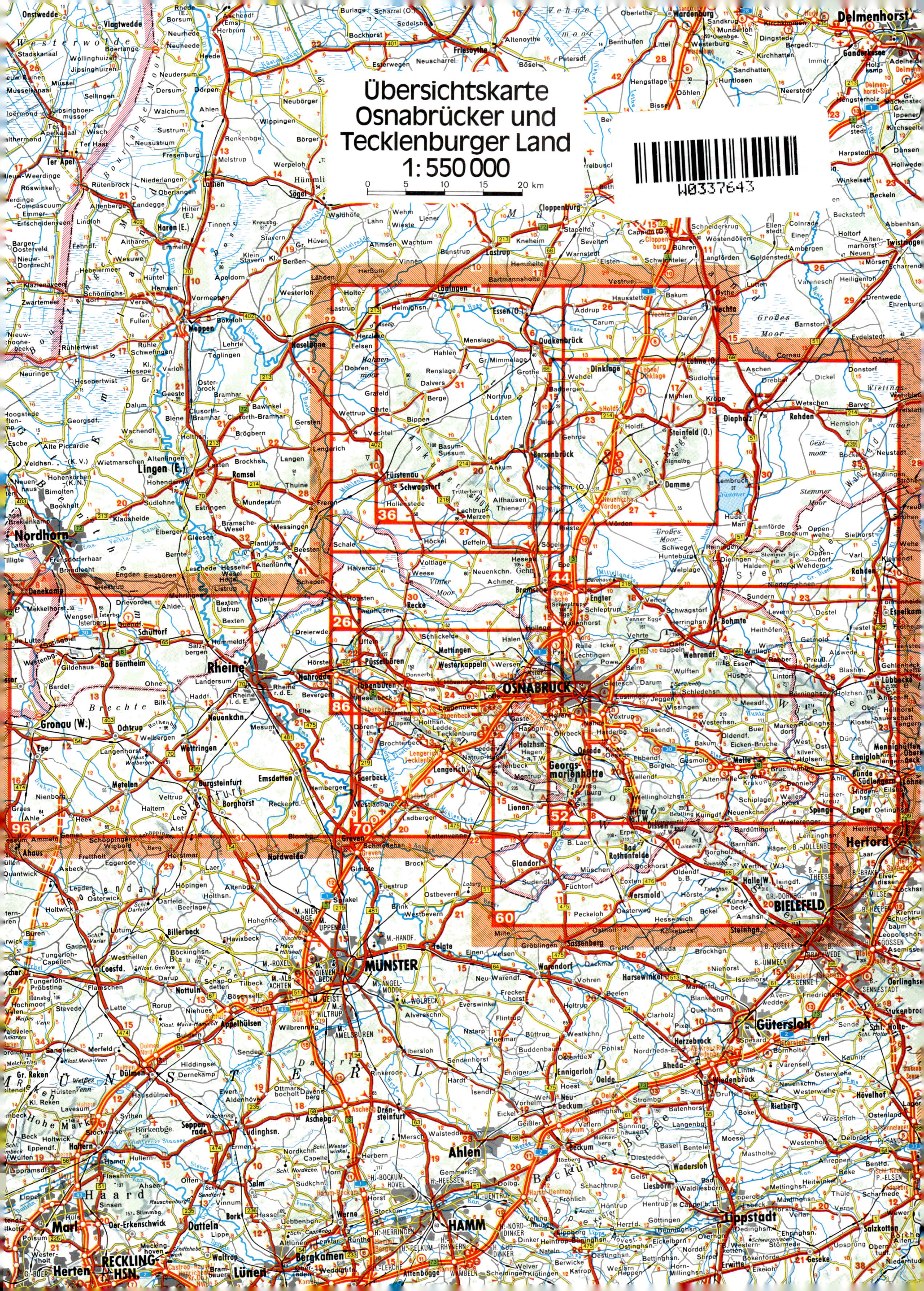
Übersichtskarte
Osnabrücker und
Tecklenburger Land
1: 550 000
0 5 10 15 20 km
OSNABRÜCK
MÜNSTER
BIELEFELD
HAMM
Rheine
Nordhorn
Lingen (E.)
Meppen
Delmenhorst
Herford
Gütersloh
Lippstadt
Ahlen
Georgsmarienhütte
Bramsche
Vechta
Diepholz
Cloppenburg
Quakenbrück
Greven
Ibbenbüren
Warendorf
Marl
Recklinghausen
Herten
Lünen
Bergkamen
Dülmen
Coesfeld
Gronau (W.)
Ahaus
Steinfurt
Emsdetten
Lengerich
Melle
Bünde
Halle/W.
Versmold
Rheda
Wiedenbrück
Oelde
Beckum
Bersenbrück
Fürstenau
Damme
Dinklage
Lohne
Haselünne
Sögel
Papenburg

Inhaltsverzeichnis

Touristik-Informationen von A– Z Seite 2
Übersichtskarte Seite 3
Register Seite 99
Impressum Seite 99

In Osnabrück: Bischofsdom und Westfälischer Friede

Osnabrück: 1200jährige Geschichte, Dom, Rathaus und Marienkirche, Neustadt und Fürstbischöfliches Schloß, Feste und Bräuche
Seite 6–19

Kleine Klöster und Residenzen

Löningen / Berge und Stift Börstel / Fürstenau und Ankumer Höhe / Bramsche und Malgarten / Alfhausen
Seite 20–27

Streifzug durchs Artland

Quakenbrück und Artland / Badbergen und Wulften / Bersenbrück / Ankum / Rieste: Kommende Lage / Dinklage / Vechta
Seite 28–37

Aus der Oldenburger Schweiz an den Dümmer

Damme und Dammer Berge / Dümmer See und Lembruch / Rahden: Museumshof / Ströhen / Diepholz / Alt-Barenaue
Seite 38–45

140 Millionen Jahre Wiehengebirge

Bad Essen und Barkhausen / Melle / Georgsmarienhütte / Wallenhorst: Rulle / Bissendorf: Schledehausen / Lübbecke
Seite 46–53

›Bäderdreieck‹ im Teutoburger Wald

Bad Iburg: Schloß und Kloster / Bad Rothenfelde: Soleheilbad und Saline / Bad Laer / Glandorf
Seite 54–61

Rund um Tecklenburg

Tecklenburg: Stadt, Burg und Haus Marck / Lengerich / Lienen und Holperdorp / Ladbergen
Seite 62–71

Im Land der Tüötten

Ibbenbüren und Dörenther Klippen / Hopsten und Mettingen: Tüötten, wandernde Händler / Hörstel / Recke / Ballonfahren
Seite 72–87

Ausflug ins Münsterland

Steinfurt: Burgsteinfurt und Borghorst / Rheine / Ochtrup / Bad Bentheim / Emsdetten / Gronau
Seite 88–97

Altes Handwerk
im Ibbenbürener
Freizeithof

Zeichenerklärung für den Autoatlas

Verkehr

- Autobahn mit Anschlußstelle, fertig, im Bau, geplant, Tankstelle, Rasthaus — E1, 10, Kirchberg
- Zweibahnige Autostraße, fertig, im Bau, geplant
- Bundesstraße, fertig, im Bau, geplant, mit Vorfahrt — 18
- Hauptverbindungsstraße, Steigungen
- Bedarfsumleitung für den Autobahnverkehr — U 10
- Gute Ortsverbindungsstraße
- Unterhaltener Fahrweg, Feld- u. Waldweg
- Eisenbahn mit Bahnhof, außer Betrieb
- Zahnradbahn, Seilschwebebahn, Sessel- und Ski(schlepp)lift
- Kilometrierung zwischen Autobahnauffahrten — 31
- Groß - Kleinkilometrierung — 22, 11
- Für Kfz gesperrt, für Kfz gegen Gebühr

Touristische Anziehungspunkte

- Wo gibt es was?-Hinweis
- Besonders sehenswert (Ort od. Bauwerk) — OSNABRÜCK
- Sehenswert (Ort od. Bauwerk) — BAD IBURG
- Landschaftlich schöne Strecke
- Burg, Schloß – Ruine
- Kloster – Ruine
- Sehenswerte Kirche – Kirche
- Schanze, Ringwall – Denkmal
- Kapelle – Forsthaus
- Aussichtsturm – Wasserturm
- Funk- oder Fernsehturm – Höhle
- Wassermühle – Wildgehege
- Botanischer Garten – Zoologischer Garten

Touristeneinrichtungen

- Hotel, Restaurant – Motel
- Jugendherberge – Naturfreundehaus
- Touristenstraße — Bramgauroute
- Campingplatz ganzjährig – nur im Sommer
- Parkplatz – Schutzhütte
- Strandbad – Schwimmbad
- Heilbad – Aussichtspunkt
- Naturpark – Naturschutzgebiet — Naturpark, NSG
- Schisprungschanze

Sonstige Angaben

- Bergwerk – außer Betrieb
- Stadion – Sportplatz
- Hervorragende Bäume
- Flughafen – Flugplatz – Segelflugplatz
- Grenzübergang
- Wald
- Ländergrenze
- Staatsgrenze

In Osnabrück: Bischofsdom und Westfälischer Friede

Auf engem Raum liegen die Repräsentanten der beiden Pole Osnabrücks zusammen. Zum einen der Dom, Mittelpunkt der Geistlichkeit, des Bistums. Zum anderen der Marktplatz als Zentrum der weltlichen Stadt mit der bürgerlichen Marienkirche und dem Rathaus, in dem einst der Westfälische Frieden geschlossen wurde – woran sich die Osnabrücker gern erinnern.

△ Alter Kern: Marktplatz und Dombezirk

Ratsschatz: Kaiserpokal aus dem 16. Jahrhundert ▽

Im Friedenssaal eine Galerie der Gesandten des Westfälischen Friedens ▽

Rathaus-Türdrücker: Friedenstaube als dauernde Mahnung ▽

△ Der Löwenpudel vor dem Dom

Rathaus und Marienkirche ▽

Osnabrück: vom Schlachtfeld zum Ort des Friedens

Drei Tage tobte die Schlacht an der Hase. Dann gaben die Sachsen, angeführt von ihrem schon zu Lebzeiten legendären Herzog Widukind, auf. Man schrieb das Jahr 783 nach Christi Geburt. Es war das letztemal, daß Franken und Sachsen einander in offener Feldschlacht gegenüberstanden. Die Heiden waren geschlagen, König Karl – und mit ihm das Christentum – hatte gesiegt. Zwei Jahre später ließ sich der zunächst in den Untergrund gegangene Herzog Widukind taufen.
Der Ort aber, an dem die entscheidende Schlacht stattgefunden hatte, vermutlich jahrelang einer der Mittelpunkte des Widerstandes der Sachsen gegen das unaufhaltsam vorrückende Christentum, wurde von Karl dem Großen zum Bischofssitz erhoben und in der Folge zu einem Zentrum der Christianisierung im Nordwesten Deutschlands. Damit begann die greifbare Geschichte der Stadt Osnabrück, die ihre zentrale Bedeutung für die Region bis auf den heutigen Tag hat erhalten können.

Stadt des Westfälischen Friedens

Zu den Höhepunkten in der Geschichte der Stadt gehören der Besuch des Kaisers Friedrich Barbarossa im Jahr 1157, der den Osnabrückern wenig später das wichtige Privileg gewährte, nur vor dem eigenen Gericht oder vor dem des Kaisers zu erscheinen. Und sicherlich auch die Zugehörigkeit zum Bund der deutschen Hanse, dessen Mitglied die Stadt im 13. Jahrhundert wurde.
Doch unvergessen bleibt jener 25. Oktober 1648, an dem von der Treppe des Osnabrücker Rathauses der Westfälische Friede verkündet wurde. 1641 waren die beiden Städte Osnabrück und Münster zu neutralen Orten für Friedensverhandlungen bestimmt worden, um endlich ein Ende in dem schrecklichen Krieg zu finden, der Deutschland verwüstet hatte.

△ Gotisch ist das 1531 geschaffene Westportal des Doms

Domschatz: 1000jähriges Schachspiel aus Bergkristall ▽

700jähriger Kreuzgang am Dom ▽

Fünf Jahre brauchten die Unterhändler, von 1643 bis 1648. Am 6. August 1648 wurde im Rathaus von Osnabrück der protestantische Teilfriede unterzeichnet, am 5. und 6. September setzten die katholischen Unterhändler ihre Namen unter das katholische Vertragswerk – im 60 Kilometer entfernt liegenden Münster. Im Osnabrücker Rathaus erinnert der Friedenssaal an das historische Ereignis.

△ Bunter Wochenmarkt in der Großen Domsfreiheit

△ Domschatz: detailreich das Kapitelkreuz aus dem 11. Jahrhundert

Flohmarkt in der Heger Straße ▽

Osnabrücks Friedenstaube

Die Friedenstaube an der Rathaustür ist freilich nicht so sehr als Erinnerung an das Jahr 1648 gedacht, trotz der den Türdrükker schmückenden Jahreszahl. Sie soll vielmehr ein Symbol für die Sehnsucht der Menschen nach Frieden ganz allgemein sein. Denn fast auf den Tag 300 Jahre später, nachdem sich die Friedensunterhändler im Osnabrükker Rathaus zusammengesetzt hatten, fraßen die Flammen eines noch schrecklicheren Krieges das Innere des Rathauses und große Teile der Stadt Osnabrück.

Stadt um Dom und Markt

Was heute vorzufinden ist, sind nur noch Reste der einst wunderschönen alten Stadt. Aber die Osnabrücker haben diese Reste liebevoll einbezogen beim Wiederaufbau. Der Marktplatz mit dem nun bald 500 Jahre alten Rathaus, der erstmals im Jahre 1177 erwähnten Marktkirche St. Marien und der Stadtwaage ist immer noch das Herzstück von Osnabrück.
Nicht weit davon der Domhof mit dem wuchtigen Dom, dessen Kreuzgang eine Oase der Stille mitten in der Großstadt ist.

Der Dom von Osnabrück

Dieser Dom, die Kathedralkirche St. Petrus, führt seine Geschichte auf jenes Jahr zurück, da Karl Osnabrück zum Bischofssitz machte: Im Jahr 787 wurde durch Bischof Agilfred von Lüttich an diesem Platz das erste Gotteshaus geweiht. Es wurde mehrfach verändert und brannte im Jahr 1100 ab; sechs Jahre später begann der Wiederaufbau.

△ Zentrum der Neustadt: die frühgotische Johanniskirche; aus den zwanziger Jahren die keramische Säule ▽

△ Unbequem: der Johanniskasten im Bocksturm

△ St. Johannis: schönes gotisches Maßwerk des Kreuzgangs

△ Schloß und Schloßgarten: heute Universität

Überall in Osnabrück zu sehen: der Dom ▽

In der Folgezeit haben alle Jahrhunderte ihre Spuren an diesem Dom hinterlassen. Immer wieder wurde umgebaut und vergrößert. Von hohem künstlerischem Wert ist die Ausstattung des Domes, die im wesentlichen aus dem 13. Jahrhundert stammt. Und als mindestens ebenso bedeutend gilt der Domschatz mit etwa 200 Kostbarkeiten.

Die Doppelstadt

Was sich heute – innerhalb der alten Wälle – als Zentrum der Großstadt Osnabrück präsentiert, das sind im Grunde genommen zwei Osnabrücks. Siamesische Zwillinge sozusagen, mit freilich unterschiedlichen Geburtsdaten. Die eine, die Altstadt, entstand um den Dom und um die Domburg herum.

Im Jahr 1011 gründete der Bischof Detmar das Kollegiatsstift St. Johann. Und um dieses Priesterseminar bildete sich in der Folgezeit eine neue Stadt, die Neustadt, die sich aber keineswegs als Anhängsel der Altstadt verstand. Sie bewahrte sich ein Stück Selbständigkeit bis in das 19. Jahrhundert hinein. Mittelpunkt dieser Siedlung ist die St. Johannis-Kirche, eine frühgotische Hallenkirche von bemerkenswerter Qualität. Sehenswert ist unter anderem der in flandrischem Stil erbaute Hauptaltar von 1511 mit einer figurenreichen Kreuzigungsgruppe.

Das Osnabrücker Schloß

Nicht weit von der St. Johannis-Kirche – sozusagen zwischen Alt- und Neustadt – steht das ehemalige Fürstbischöfliche Schloß, in den Jahren von 1667 bis 1690 nach dem Vorbild des römischen Palazzo Madama erbaut. Es gab einige bauliche Veränderungen im 18. Jahrhundert. Und im Zweiten Weltkrieg brannte das Schloß aus. Inzwischen ist es längst wiederhergestellt worden und Teil der Universität von Osnabrück. Das Schloß liegt in einem barokken Garten. Diesen hatte seinerzeit Sophie von der Pfalz, die Frau Ernst-Augusts I., gestaltet. Er ist bis heute ein Beispiel für barocke Gartenbaukunst.

△ Prunkstück in der Bierstraße: Haus Walhalla, heute ein Restaurant, mit barock verziertem Portal ▽

△ Stadtbefestigung: Bürgergehorsam von 1519 und Heger Tor, Triumphbogen seit Waterloo ▽

△ Arndtstraße: Städtebau von vor 100 Jahren

△ Barocke und klassizistische Hausportale in Osnabrücks Altstadtstraßen ▽

Gute und schwere Zeiten

Im Jahr 1306 hatten sich Alt- und Neustadt mit einer gemeinsamen Mauer umgeben. Die Einigkeit machte stark, der Wohlstand zog ein in die Stadt. Doch das Glück läßt sich nicht abonnieren. Hundert Jahre später schlich sich die Pest, diese Geißel des Mittelalters, durch die Tore in die Stadt hinein. Außerdem mußten sich die Bürger gegen den Adel aus der Umgebung wehren, der sich Einfluß in der Stadt sichern wollte, und im Jahre 1424 kam es zu einem Eklat: Der Rat überschritt in seiner Einflußnahme auf die Bischofswahl seine Kompetenzen weit, er ließ das im Dom versammelte Kapitel einschließen, um es auszuhungern. Die Sache ging schief, die Stadt wurde vom Kirchenbann getroffen.
Nun kamen sie aber, die adligen Herrn, um sich endlich etwas vom Kuchen abzuschneiden. Doch die Osnabrücker wehrten sich erbittert, und der Graf Johann von Hoya mußte seinen Appetit furchtbar büßen. Er wurde gefangengenommen und im Bocksturm eingekerkert. Der Johanniskasten in dem alten Turm erinnert an die sechsjährige Leidenszeit des adligen Herrn.

Osnabrücks große Namen

Wer heute durch Osnabrück geht, der wird vor allem fasziniert sein von den großzügig gestalteten Einkaufsstraßen – mit schönen Geschäften und Straßencafés. Doch das Einheitliche des Stils unserer Zeit wird immer wieder unterbrochen durch die Fassaden schöner alter Bürgerhäuser, zu denen unter anderem der Fachwerkbau Walhalla in der Bierstraße gehört. In der Erinnerung alter Osnabrücker lebt die Bierstraße noch als mittelalterliche Prachtstraße. Das Bürgerhaus Walhalla, 1690 erbaut, ist ein Zeuge jener großen Zeit, da Justus Möser, von Goethe als ›Patriarch von Osnabrück‹ bezeichnet, in der Stadt an der Hase wirkte – als Staatsmann, Volkswirt, Geschichtsschreiber und Sprachschöpfer.
Hundert Jahre später sang, dichtete und komponierte der Ka-

△ Steckenpferdreiten vor dem Rathaus

Weihnachtsmarkt vor der Marienkirche ▽

Niedersachsen vergessen: Karneval in Osnabrück ▽

Alte Zimmermannsarbeit: Treppe im Ledenhof ▽

△ Viehversteigerung in der Halle Gartlage

Jugendstil aus der Zeit vor dem Ersten Weltkrieg: das Theater ▽

Reizvolle Kombination: Ledenhof mit 600jährigem Wohnturm und Renaissancebau aus dem 16. Jahrhundert ▽

pellmeister Gustav Albert Lortzing, der Schöpfer der Oper ›Zar und Zimmermann‹, in Osnabrück. Und ungefähr zu jener Zeit vertonte Justus Wilhelm Lyra Emmanuel Geibels Verse ›Der Mai ist gekommen‹. Die Osnabrücker erinnern sich an Lyra und seine Melodie alljährlich in der Nacht zum 1. Mai mit einer kleinen Feier am Herrenteichwall.

Feste und Steckenpferdreiten

Das Osnabrücker Jahr hat viele Festtage. Wenn Karneval ist, dann vergessen die Osnabrücker, daß sie eigentlich Niedersachsen sind, die sich beim Karneval immer ein bißchen zurückhalten. Es folgen die Märkte und Viehversteigerungen, die ja auch – zumindest für die Bauern aus der Umgebung – ein Festtag sind. Die Osnabrücker Jugend aber feiert am 25. Oktober, genauer gesagt, alle Schüler des vierten Schuljahres, so will es ein ungeschriebenes Gesetz.

Es geschah am 25. Oktober des Jahres 1650, die Osnabrücker feierten die Wiederkehr jenes Tages, an dem zwei Jahre zuvor in ihrer Stadt der Westfälische Friede geschlossen worden war. Sie hatten aber vergessen, auch die Kinder zu diesem Fest einzuladen. Daraufhin sattelten über tausend Jungen ihre Steckenpferde und zogen vor das Rathaus, um vor den dort versammelten Honoratioren zu Ehren von Kaiser Ferdinand II. zu paradieren und für den Frieden zu demonstrieren. Der Kaiser im fernen Wien war davon so angetan, daß er eigens Münzen mit den Steckenpferdreitern prägen ließ.

Der Brauch des Steckenpferdreitens geriet später in Vergessenheit, lebte aber nach dem Zweiten Weltkrieg – aus ebenso aktuellem wie schmerzlichem Anlaß – wieder auf, und seitdem reiten alljährlich die Osnabrücker Schüler des vierten Schuljahres auf Steckenpferden zum Rathaus, wo sie vom Oberbürgermeister der Stadt empfangen und mit einem großen Brezel beschenkt werden.

Maßstab 1:7.500
100m 0 100 200 300m

Wo gibt es was?

ⓘ = Auskunft

Osnabrück

Osnabrück wird von der Hase durchflossen, der die Stadt vermutlich auch ihren Namen verdankt. Denn aus der Brücke, die über die Hase führte seit alters her, aus Asanbruggi, mag Osenbrugge geworden sein im Laufe der Zeit. Und da ist es dann nicht mehr weit bis nach Osnabrück.
Osnabrück ist ein uralter Handelsplatz. Das Rad im Wappen erinnert daran, an Handel, Wandel und Bewegung. Vorgeschichtliche Funde und Megalithgräber aus der Jüngeren Steinzeit beweisen, daß dieses Land schon vor 4000 Jahren besiedelt war. Erste zuverlässige Nachrichten aus dem Raum Osnabrück stammen jedoch aus dem 8. Jh. Nach jahrelangen Kämpfen schlug Karl der Große 783 die heidnischen Sachsen unter ihrem Herzog Widukind vernichtend – wahrscheinlich im Bereich der heutigen Stadt. Karl machte Osnabrück zur christlichen Missionszelle und erhob den Ort 785 zum Bischofssitz. Damit begann der Weg Osnabrücks zur Stadt. Schon bald entwickelte sich städtisches Leben um die Kathedralkirche St. Peter. Markt-, Münz- und Zollrechte wurden dem Ort 889 von Arnulf von Kärnten verliehen, 1147 Osnabrück in einer Urkunde zum ersten Male als Stadt bezeichnet. Hundert Jahre später schloß Osnabrück zusammen mit Münster, Minden, Herford, Dortmund und Soest ein Städtebündnis zur Wahrung seiner Handelsinteressen. Später wurde Osnabrück eines der frühen und führenden Mitglieder des Hansebundes. Das 13. Jh. stand im Zeichen wachsenden Wohlstandes. Das 14. Jh. brachte böse Schicksalsschläge. Im 15. Jh. ging es wieder bergauf; in dieser Zeit bauten sich die Osnabrücker ihr heutiges Rathaus am Marktplatz.
Nach dem Dreißigjährigen Krieg, der durch Verhandlungen in Osnabrück und Münster im Herbst 1648 beendet wurde, folgte für die Osnabrücker eine etwas wirre Zeit. Sie wurden abwechselnd von einem katholischen und einem evangelischen – nunmehr – Fürstbischof regiert. Die evangelischen Fürsten sollten stets aus dem Welfenhaus Braunschweig-Lüneburg stammen. Der erste von ihnen, Ernst-August I., der – wie seine Vorgänger – in Iburg residierte, ließ das Osnabrücker Schloß bauen. Nach dem Wiener Kongreß (1814 bis 1815) wurde das Fürstbistum Osnabrück dem Königreich Hannover angegliedert. 1866 – nach dem Ende des Königreiches – fiel Osnabrück dann an Preußen.
Die schweren Schäden des Zweiten Weltkrieges hat die Stadt mit heute rund 160 000 Einwohnern längst überwunden. Bereits zur Hansezeit bedeutender Umschlagplatz und Produktionsort für Flachs und Leinen, ist Osnabrück bis heute Textilindustrie-Standort. Aus Eisenerz- und Kohleförderung im 19. Jh. wurden unter anderem Kabel- und Drahtwerke sowie Automobilherstellung. Seit 1973/1974 ist Osnabrück auch Universitätsstadt.

Sehenswürdigkeiten

Zwei Zentren bestimmen das Bild der alten Stadt Osnabrück, freilich in enger Nachbarschaft zueinander: das kirchliche Zentrum mit dem Dom und das weltliche mit dem Rathaus.
Der heutige Dom St. Peter hatte im 13. Jh. seine wichtigste Bauphase, jedoch hinterließen – ab dem 11. Jh. – fast alle Jahrhunderte ihre Handschrift. So ist im westlichen Teil noch das 11. Jh. zu finden, und aus dem 16. Jh. stammt der Südwestturm. Sehenswert sind der Kreuzgang (12. und 13. Jh.) und die Ausstattung, darunter das Triumphkreuz (um 1250), das bronzene Taufbecken von 1225, verschiedene Grabdenkmäler von namhaften Künstlern wie das des Dompropstes von Kerssenbrock, 1754 gestorben. Auf dem Domplatz erinnert das Möser-Denkmal an Justus Möser (1720 bis 1794), der als Staatsmann und Schriftsteller weit über Osnabrück hinaus gewirkt hat. Eines der Wahrzeichen der Stadt ist der Löwenpudel am Eingang der bischöflichen Freiheit. Über sein Entstehen erzählt die Sage: Karl der Große sei im Zorn nach Osnabrück geeilt, mit dem Schwur auf den Lippen, das erste Lebewesen, das ihm begegnen würde, zu töten. Ein Hund lief ihm entgegen. Karl erschlug ihn und verzieh der Stadt. Die dankbaren Osnabrücker errichteten daraufhin dem armen Löwenpudel ein Denkmal.
Herzstück des weltlichen Zentrums ist das Rathaus (1487–1512) mit den Sandsteinfiguren der deutschen Kaiser an der Marktfront; über dem Portal Karl der Große, als Stadtgründer verehrt. Innen der historische Friedenssaal (Ausstattung 16. Jh.), in dem 1648 der evangelische Teilfriede besiegelt wurde.
Zum Ratsschatz gehört der sogenannte Kaiserpokal aus dem 14. Jh., dessen Inhalt, so heißt es, von jedem neuen Ratsmitglied in einem Zug geleert werden mußte (Führung sonntags 10.30 Uhr).
Zum Ensemble des Marktes zählen auch die Stadtwaage von 1532, Kaufmannshäuser aus dem 15. bis 19. Jh. und die gotische Bürgerkirche St. Marien (13. bis 15. Jh.). Bemerkenswerte Bürgerhäuser wie das Haus Walhalla befinden sich in der Bier-, Krahn- und Marienstraße. Ein Beispiel für die Adelshöfe ist der Ledenhof an der Alten Münze (14. bis 16. Jh.). Osnabrücker Wohnkultur im Drei-Kronen-Haus (Marienstraße, dienstags bis freitags geöffnet). Weitere Sehenswürdigkeiten sind in der Altstadt die St. Katharinen-Kirche (14. und 15. Jh.) mit dem höchsten Turm der Stadt (102 m) und in der Neustadt die frühgotische St. Johannis-Kirche (1259–1289) sowie die Gertrudenkirche (13. Jh.), ein typisches Beispiel der Architektur des Zisterzienserordens (Klostergebäude heute Krankenhaus). Der Universität dient heute das bis 1953 restaurierte Fürstbischöfliche Schloß (1667–1675).
An die Stadtbefestigungen erinnern einige gotische Türme, der Herrenteichswall, die Vitischanze und das Heger Tor, 1817 klassizistisch umgestaltet. Der Bocksturm (13./14. Jh.) beherbergt ein Museum (Führungen sonntags 11 Uhr und 11.40 Uhr) mit dem Johanniskasten und Folterwerkzeugen aus der Zeit der Hexenprozesse; 1583 wurden in Osnabrück 121 sogenannte Hexen verbrannt. Am Heger Tor das Naturwissenschaftliche (u. a. paläontologische und floristische Sammlungen zum Osnabrücker Raum) und das Kulturhistorische Museum (u. a. Stadtgeschichte und Volkskunde; beide täglich außer montags geöffnet, samstags nur vormittags). In der Kleinen Domsfreiheit die Domschatzkammer und das Diözesanmuseum (kirchliche Kunst; täglich außer montags geöffnet; samstags und sonntags nur vormittags).

Freizeit und Veranstaltungen

Karneval (mit Umzug und Jahrmarkt) wird am Samstag vor Rosenmontag gefeiert (der Jahrmarkt dauert vier Tage). Frühjahrsmarkt ist im März/April. Anfang Mai ist Maiwoche, im August findet das Volks-, Schützen- und Heimatfest statt. Steckenpferdreiten ist am 25. Oktober, Herbstmarkt im November, und der Weihnachtsmarkt vor Dom und Rathaus ist Ende November/Anfang Dezember.
Parkanlagen sind der Bürgerpark und der Schloßpark am Neuen Graben. Am Schölerberg ein sehenswerter Zoologischer Garten (täglich geöffnet), beim Dom das Stadttheater. Wassersportmöglichkeiten bietet der Freizeitpark Attersee im Stadtteil Atter.
Empfehlenswert sind die Restaurants »Hohenzollern« (feine Küche) und »Der Landgraf« (Küche mit regionalem Einschlag) sowie das »Café Leysieffer« mit bekannt guter Konfiserie.
ⓘ Verkehrsamt/Verkehrsverein, Markt 22, 4500 Osnabrück.

Kleine Klöster und Residenzen

Ein bäuerliches Land mit ansehnlichen, wohlhabenden Höfen, kleinen Klöstern und Residenzstädtchen ist die Gegend zwischen dem hübschen Tal der Hase und der Ankumer Höhe. An der Hase liegt Löningen, wo noch das Adventblasen zu Hause ist. Hinter der Ankumer Höhe drängt sich Fürstenau um sein Wasserschloß. Und dazwischen versteckt sich das kleine Stift Börstel.

△ Löningens moderner Adventbläserbrunnen

Nach Zisterzienserart: gotische Stiftskirche von Börstel ▽

△ Einzigartig in Norddeutschland: Löningens St. Vitus-Kirche

△ In Mimmelage: Windkraft gefragt

Kloster Malgarten ▽

Altes Fachwerk in Menslages Kirchwinkel ▽

Das ehemalige Kloster Malgarten an der Hase geht auf eine tecklenburgische Burg zurück ▽

Die Adventbläser von Löningen an der Hase

Die Jungen von Löningen pflegen ein Erbe, das ihnen die Hirten des Cloppenburger Landes hinterlassen haben. Diese hatten einst – als Nachkommen jener, denen als erste die Geburt Christi verkündet worden war – in den Kirchen des Landes das Vorrecht genossen, am Weihnachtsabend auf ihren Hörnern zu blasen. Daraus hat sich der Brauch des Adventblasens entwickelt.
So treten heutzutage die Jungen von Löningen an den Abenden vor den Adventsonntagen vor die Tür ihres Elternhauses und blasen auf einem hölzernen Horn, das sie sich beim örtlichen Schreiner aus Birkenholz haben anfertigen lassen. Einer fängt an, und von Haus zu Haus setzt sich das Blasen fort.
Der Adventbläserbrunnen erinnert an diesen Brauch. Er steht im Bereich der kleinen Fußgängerzone von Löningen. Von dort ist es nicht weit bis zur St. Vitus-Kirche mit ihrem freistehenden Glockenturm.

Ungewöhnliche Standortfindung

Dieses Land steckt voller Geschichten. Wer zum Beispiel einen Besuch im Damenstift Börstel macht, das bei Berge versteckt im Walde liegt, der erfährt die merkwürdige Geschichte aus den Gründungsjahren des einstigen Zisterzienserinnen-Klosters. Im Jahr 1246 ließ der Graf von Oldenburg dieses Kloster bei Menslage anlegen. Doch Eigenartiges geschah: Eines Tages war das Marienbild des Klosters verschwunden. Man fand es nach langem Suchen im Börsteler Wald. Und wieder war es eines Tages fort – und wieder. Und stets fand man es im Walde zu Börstel an immer derselben Stelle. Da wußten die frommen Frauen, daß dieses ein Zeichen sein sollte, daß die Jungfrau Maria in Menslage nicht bleiben wollte. Fünf Jahre nach der Gründung zogen sie um in den Börsteler Wald.

△ Fürstenau: das Wasserschloß mit Bergfried ...

... und das Hohe Tor, letzter Rest der Stadtbefestigung ▽

Das bischöfliche Wappen am Schloß erinnert an frühere Besitzer Fürstenaus ▽

△ Freizeitziel Alfsee

Zwischen Lonnerbecke und Dalum: die Sültemühle ▽

Eggermühlen: neben dem barocken Herrenhaus die neugotische Schloßkapelle ▽

Die kleine Residenz Fürstenau

Schon von weitem grüßt die mächtige Haube des Schlosses von Fürstenau, das im 14. Jahrhundert als Schutzburg des Bischofs von Osnabrück gegen seine nördlichen Nachbarn errichtet wurde. In seinem ehemaligen Marstall kommen seit dem 19. Jahrhundert die katholischen Gläubigen der Stadt zum Gottesdienst zusammen.
Fürstenau gehört – wie die alte Tuchmacherstadt Bramsche – zu den sehenswerten Städten des Landes. Eines der Besucherziele liegt etwas abseits bei Lonnerbecke; dort ist eine alte Ölmühle, die Sültemühle, wieder hergerichtet worden. In dem benachbarten Gasthaus gibt es den bekannten Jämmerling, dessen Rezept ein Fürstenauer Kaufmann aus Portugal mitgebracht hat: Es ist ein klarer Schnaps, der mit einer Sardelle serviert wird. Unklar ist, woher sein Name kommt, denn der Bursche hat es in sich. Eine weitere Fürstenauer Besonderheit sind die Zeugen aus jenen fernen Tagen, da dieses ganze Land Teil eines riesigen Meeres war, in dem sich auch Haie tummelten. Und das ganz offenbar in riesigen Schwärmen. So lassen sich in den Fürstenauer Wäldern unvermutet hin und wieder Haifischzähne finden – sie zu sammeln ist freilich verboten.

Eine Alfhausener Geschichte

Ebenfalls uralt, aber aus dem Stoff der Sagenwelt ist die Geschichte vom Alkes mit seinem feurigen Rade. Der trieb sein Unwesen bei Alfhausen am Heiligen Berg. Und wer sich zu mitternächtlicher Stunde in sein Revier verirrte, der hatte keine Chance. Nur einmal, es ist lange her, hat ein flotter Bursche, Grumfeld mit Namen, den Alkes zu einem Wettritt herausgefordert. Die Sache wäre fast schlecht ausgegangen. Doch Grumfeld hatte einen tüchtigen Schimmel, der mit einem letzten gewaltigen Sprung das häusliche Tor erreichte, das feurige Rad dicht hinter seinen Hufen. Aber noch lange hat man an der Schwelle des Hauses einen verkohlten Fleck gesehen.

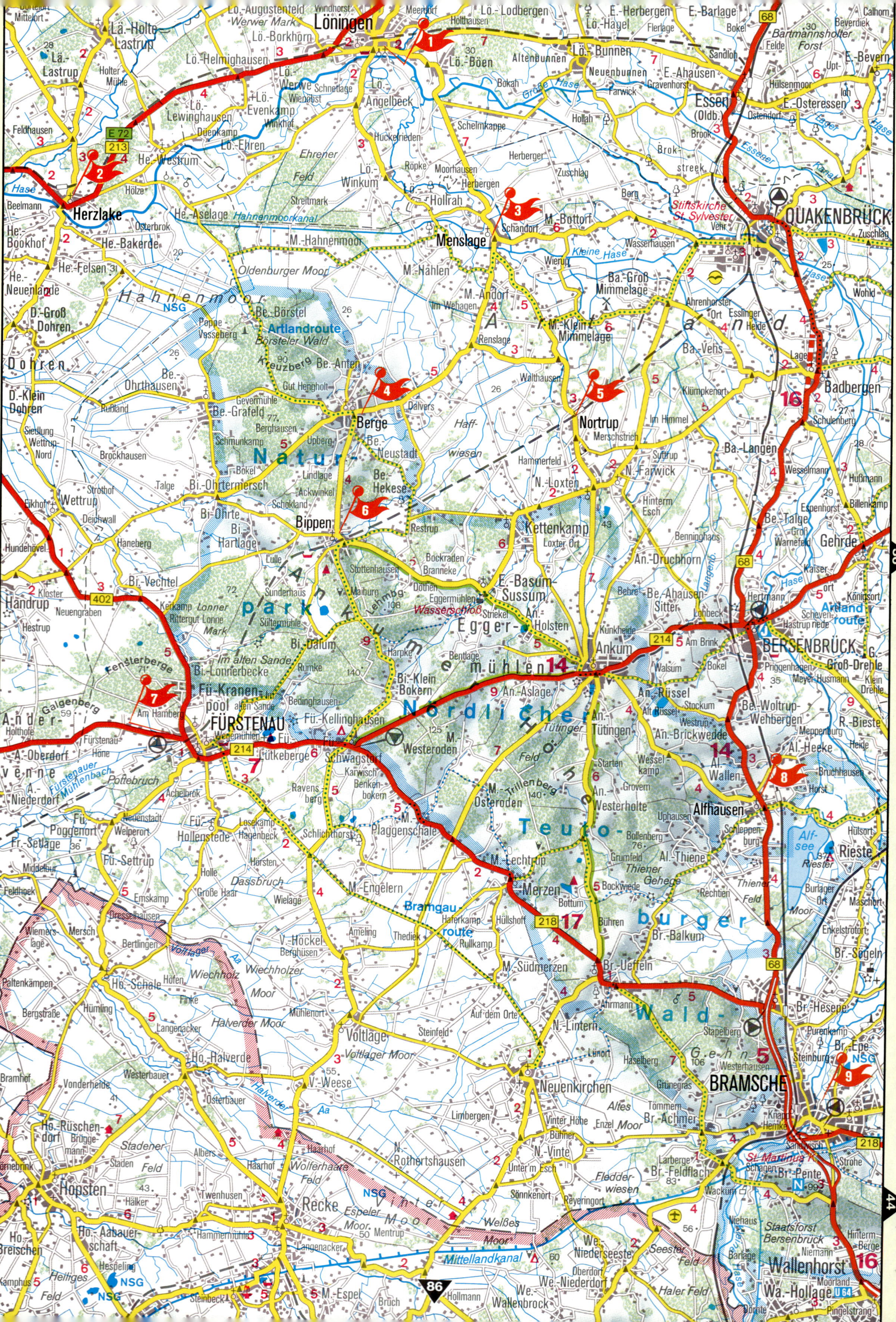
Löningen
Lö.-Augustenfeld
Werwer Mark
Lö.-Borkhorn
Lö.-Lodbergen
Lö.-Helmighausen
Lö.-Böen
Lö.-Ehren
Lö.-Evenkamp
Lö.-Lewinghausen
Lö.-Winkum
Lä.-Holte
Lastrup
Lä.-Lastrup
E.-Herbergen
E.-Barlage
E.-Hagel
Bokel
Bunnen
Neuenbunnen
Altenbunnen
E.-Ahausen
Bartmannsholter Forst
Essen (Oldb.)
E.-Osteressen
E.-Bevern
Hülsenmoor
Angelbeck
Hase
Große Hase
Kleine Hase
Essener Kanal
Holdorf
E 72
213
He.-Westrum
Herzlake
He.-Aselage
Hahnenmoorkanal
He.-Bookhof
He.-Bakerde
He.-Felsen
He.-Neuenlande
D.-Groß Dohren
Dohren
D.-Klein Dohren
M.-Hahnenmoor
Oldenburger Moor
Hahnenmoor
NSG
Menslage
M.-Hahlen
M.-Andorf
M.-Bottorf
Schandorf
Hollrah
Herbergen
QUAKENBRÜCK
Stiftskirche St. Sylvester
Ba.-Groß Mimmelage
Ba.-Klein Mimmelage
Artland
Ba.-Vehs
Badbergen
Be.-Börstel
Artlandroute
Börsteler Wald
Kreuzberg
Be.-Anten
Be.-Ohrthausen
Be.-Grafeld
Berge
Be.-Neustadt
Be.-Hekese
Dalvers
Haffwiesen
Nortrup
N.-Loxten
N.-Farwick
Ba.-Langen
Natur-
park
Nördlicher
Teuto-
burger
Wald-
Ankumer Höhe
Bi.-Ohrtermersch
Bi.-Ohrte
Bi.-Hartlage
Bippen
Wettrup
Kettenkamp
An.-Druchhorn
Gehrde
Be.-Talge
Bi.-Vechtel
Handrup
402
E.-Basum
Sussum
Eggermühlen
Wasserschloß
Egger-mühlen
An.-Holsten
Ankum
214
Be.-Ahausen
Sitter
BERSENBRÜCK
Artland route
G.-Groß-Drehle
Bi.-Dalum
Lonner Mark
Im alten Sande
Bi.-Lonnerbecke
Fü.-Kranenpool
FÜRSTENAU
Fü.-Kellinghausen
Fü.-Schwagstorf
Bi.-Klein Bokern
An.-Aslage
Tütinger Feld
An.-Tütingen
An.-Rüssel
An.-Brickwede
Be.-Woltrup-Wehbergen
Al.-Heeke
Al.-Wallen
Alfhausen
Fensterberge
Galgenberg
A.-Oberdorf
A.-Niederdorf
Fürstenauer Mühlenbach
Fü.-Poggenort
Fr.-Setlage
Fü.-Settrup
Fü.-Hollenstede
Schlichthorst
M.-Westeroden
M.-Osteroden
Trillenberg
M.-Plaggenschale
An.-Westerholte
Al.-Thiene
Thiener Gehege
Alfsee
Rieste
M.-Lechtrup
M.-Merzen
218
M.-Engelern
Bramgau-route
Br.-Balkum
Br.-Ueffeln
M.-Südmerzen
68
Ho.-Schale
Wiechholz
Wiechholzer Moor
Halverder Moor
Voltlage
Voltlager Moor
Ho.-Halverde
V.-Weese
Halverder Aa
N.-Lintern
Neuenkirchen
Gehn
BRAMSCHE
Br.-Hesepe
Br.-Epe
Ho.-Rüschendorf
Hopsten
Ho.-Breischen
Ho.-Aabauerschaft
N.-Rothertshausen
N.-Vinte
Br.-Achmer
Br.-Feldflach
St. Martinus
Br.-Pente
Recke
Mittellandkanal
We.-Niederseeste
We.-Niederdorf
We.-Wallenbrock
Staatsforst Bersenbrück
Wallenhorst
Wa.-Hollage
M.-Espel
36
44
86
Maßstab 1 : 150 000
km

Wo gibt es was?

Fähnchennummer = Textnummer ℹ = Auskunft

Löningen ①

Löningen liegt in einer waldreichen Landschaft des Urstromtals der Hase und im südlichen Zipfel des Cloppenburger Landes. Der heute staatlich anerkannte Erholungsort war in der Vergangenheit bekannt für seine Zinnwaren und Truhen. In der Umgebung hat man sehr viel Zeugnisse aus vorgeschichtlicher Zeit gefunden. Gegenstände aus der Römerzeit beweisen, daß dort römische Händler und auch römische Soldaten gewesen sind. Die Sammlungen des Löninger Apothekers König bildeten mit den Grundstock des sehr sehenswerten nahen Museumsdorfes in Cloppenburg (über 40 verschiedene Gebäude sowie Information über diverse Handwerke; täglich geöffnet).
Urlauber schätzen Löningen wegen der Wald- und Forstpfade, wegen der Wassersportmöglichkeiten (Wasserwandern) auf der Hase und der guten Angelplätze. Hallenschwimmbad.
Sehenswert in Löningen ist die St. Vitus-Kirche (um 1810) mit ihrem freistehenden Glockenturm. Es ist die größte pfeilerlose Hallenkirche in Norddeutschland. Sehr hübsch ist der Adventbläser-Brunnen (1981), der an den noch heute von Löninger Jungen zur Adventzeit geübten Brauch des Adventblasens erinnert.
ℹ Stadtverwaltung, Lindenallee 1, 4573 Löningen.

Herzlake ②

Die über 1000 Jahre alte Gemeinde ist ein beliebter Ferienplatz vor allem für Pferdefreunde: In *Aselage* befindet sich das Ferienzentrum Alte Mühle mit Reithalle, Tennisplätzen und Wanderwegen. Nördlich die Wallreste der *Aseburg* (wohl um 900), teilweise ausgegraben. Sehr beliebt sind die Aufführungen auf der Waldbühne Ahmsen (Ende Mai bis Anfang September); gespielt werden Stücke religiösen Inhalts und Märchen.
ℹ Samtgemeindeverwaltung, Neuer Markt 2, 4471 Herzlake.

Menslage ③

Inmitten von Moor, Feldern und Wäldern liegt Menslage, ein stiller Ort, der sich besonders für Ferien auf dem Bauernhof eignet. Besuchenswert ist der Moorlehrpfad im weiter westlich gelegenen Hahnenmoor.
ℹ Gemeindeverwaltung 4571 Menslage.

Berge ④

Berge liegt in einer Waldlandschaft mit guten Wandermöglichkeiten. Der Ort selbst ist ein Dorf mit schmucken Häusern. Für bereits frühe Besiedlung der Umgebung sprechen Hünengräber in *Hekese.*
Sehenswert ist das *Damenstift Börstel.* Es ist ein ehemaliges Zisterzienserinnenkloster, gegründet 1246 in Menslage, 1251 in den abgelegenen Börsteler Wald verlegt. Bemerkenswert von der Ausstattung sind unter anderem Plastiken aus dem 13., 14. und 16. Jh. und Reste alter Malerei aus dem 13./14. Jh. Kleines Museum über dem Kreuzgang (täglich geöffnet außer montags Mai bis September).
In Berge Pfingstkirmes, Schützen- und Volksfeste (Ende Mai/Anfang Juni), Herbstmarkt und Dorffest am ersten Wochenende im September.
ℹ Gemeindeverwaltung 4576 Berge.

Nortrup ⑤

In der über 800 Jahre alten Gemeinde Nortrup ist vor allem die *Wasserburg Loxten* sehenswert (Privatbesitz), bereits im 15. Jh. erwähnt und Ende des 17. Jh. erneuert. Aus jener Zeit stammen die niederländisch-klassizistischen Stilelemente. Im Park des Schlosses befindet sich eine Sonnenuhr von 1797.
Zu den Volksfesten in Nortrup gehört die Fliegen-Kirmes (am Sonntag nach dem 18. Oktober). Es gibt ein Freizeitgelände in der Schulstraße mit beheiztem Freibad.
ℹ Gemeindeverwaltung, Postweg 1, 4577 Nortrup.

Bippen ⑥

Das Kirchdorf Bippen, staatlich anerkannter Erholungsort, erstreckt sich am Rande der *Maiburg.* Das ist ein bewaldeter Höhenrücken rund um das gleichnamige Forsthaus mit Forstlehrpfad, Trimmpfad, Rad und Wanderwegen und Waldspielplatz. Bippen hat ein Freischwimmbad. Es gibt eine Fahrradvermietung und Reitgelegenheit.
Südöstlich von Bippen liegt die Gemeinde *Eggermühlen* mit dem gleichnamigen barocken Wasserschloß (17. und 18. Jh.; Privatbesitz).
ℹ Gemeindeverwaltung, Hauptstraße 4, 4576 Bippen.

Fürstenau ⑦

Die fürstliche Feste Fürstenau gehört zu den romantischen Städten im Bersenbrücker Land. Keimzelle der Stadt war die um 1340 von dem Osnabrücker Bischof Gottfried von Arnsberg gegründete Wasserburg, im 16. Jh. zum Schloß umgebaut, Residenz der Osnabrücker Landesherren. Sehenswürdigkeiten sind das Hohe Tor (1674) in der Großen Straße, ein Rest der alten Festungsanlage, und das ehemalige fürstbischöfliche Schloß (Samtgemeindeverwaltung; geöffnet zu den Amtsstunden) mit seinen Bastionen, unterirdischen Gängen und Schloßteichanlagen. Der Bau entstand weitgehend im 14. Jh.; der Bergfried ist von 1555, seine Haube, weithin sichtbar, wurde im 18. Jh. aufgesetzt. Der einstige Marstall dient heute als katholische Kirche. Aus gotischer Zeit die evangelische Georgskirche.
Das Land um Fürstenau mit der Ankumer Höhe und dem besonders schönen Waldgebiet Maiburg eignet sich sehr gut für Rad- und Fußwanderungen. Freibad.
Schützenfest des Schützenvereins von 1658 am zweiten Sonntag im Juli; im Mai und September (jeweils am zweiten Sonntag) ist Kirmes.
ℹ Fremdenverkehrsverein Maiburg, Postfach 1140, 4557 Fürstenau.

Alfhausen ⑧

Unweit Alfhausen mit seiner häufig umgebauten Kirche (Ursprung 13. und 15. Jh.) ist ein Ferienzentrum am Alfsee, als Rückhaltebecken für die Hase angelegt, entstanden. Zu dem Feriengebiet gehören der Dubbelausee als Badesee, ein vorbildlicher Campingplatz und ein Ferienhausgebiet.
Der erst wenige Jahre alte *Alfsee* (220 ha), um den ein Wanderweg herumführt und in dem sich auch ein Vogelschutzgebiet befindet, soll zu einem Paradies für Wassersportler ausgebaut werden. Schon jetzt befinden sich dort 200 Liegeplätze für Sportboote (weitere 200 Plätze geplant).
ℹ Gemeindeverwaltung 4552 Alfhausen.

Bramsche ⑨

Die alte Tuchmacherstadt besitzt einen schönen Ortskern mit historischen Bauten, darunter die Alte Post am Kirchplatz (1688) und die 900 Jahre alte St. Martins-Kirche.
Auch Bramsches Stadtteile bieten einige Sehenswürdigkeiten. In *Malgarten* (siehe Karte Seite 44) steht das um 1200 gegründete Benediktinerinnen-Kloster mit einer Kirche des 13. Jh. und Gebäuden des 18. Jh. Das benachbarte *Haus Sögeln* geht auf das 13. Jh. zurück (Privatbesitz).
Empfehlenswerte Restaurants sind »Landhaus Hellmich« in Malgarten (sehr fein), »Idingshof« im Bührender Esch (fein) und »Haus Surendorff« in Hesepe (fein mit regionalem Einschlag).
ℹ Stadtverwaltung 4550 Bramsche.

Am 9 Tag des 2ten Monden war hie
Und binnen 75 Tagen sah
L Schulenburg
Anno
den 24

Streifzug durchs Artland

Fruchtbares Ackerland brachte den Artland-Bauern Wohlstand – und weckte das Interesse weltlicher und geistlicher Herren. Klöster und Burgen entstanden. Daran erinnern der heutige Artland-Hauptort Quakenbrück (Foto: Fachwerk in der Hauptstraße) wie auch das Landstädtchen Bersenbrück oder die ehemalige Johanniter-Kommende Lage.

△ Quakenbrück: das Rathaus . . .

. . . und die Hase ▽

△ Quakenbrücker Vergangenheit: Sylvesterkirche und »Hopfenblüte« ▽

Erinnerung ans Mittelalter: die gotische Hohe Pforte ▽

Alte Apotheke im Stadtmuseum ▽

Quakenbrücker Stadtmuseum: Hausrat aus ›guter‹ alter Zeit ▽

Quakenbrück – für Besucher Stadt der Frösche

Wenn in Quakenbrück die Rede auf die Poggen kommt, dann denken die Quakenbrücker zunächst mal an sich. Denn Poggen, das sind in der Sprache des Landes die Frösche. Und wenn deren Gequake bei der Namensgebung der Stadt auch nicht unbedingt Pate gestanden hat, so haben die Quakenbrücker doch Humor genug, sich damit in enge Verbindung zu setzen. Sichtbares Zeichen ist der ›Poggenpad‹, der Froschpfad, der zur besseren Orientierung für die Fremden durch die Stadt führt – von einer Sehenswürdigkeit zur anderen.
Und an Sehenswürdigkeiten mangelt es in diesem romantischen Städtchen Niedersachsens nicht. Den alten Höfen der Burgmannen steht das schöne Fachwerk der Ackerbürgerhäuser gegenüber, das klassizistische Rathaus der gotischen Sylvesterkirche und dem mittelalterlichen Stadttor. Außerdem – und nicht zuletzt – gibt es die Hase-Partien als freundliche Farbtupfer.

Ins fruchtbare Artland

Quakenbrück ist der Hauptort des Artlandes, dessen Äcker zu den fruchtbarsten weit und breit zählen. Die in diesem Land stehenden Bauernhöfe gehören zu den prächtigsten in Niedersachsen. Sie haben ein reich gegliedertes Fachwerk und besitzen schön gestaltete Bauerngärten hinter dem Haus. Das besondere Merkmal dieser Höfe aber sind die Taxushecken – häufig Zeugnisse des gartenkünstlerischen Ehrgeizes ihrer Besitzer, die aus dem Taxus mit viel Geschick und Liebe allerlei Formen und gelegentlich auch Figuren herausschneiden.
Einige dieser schönen Höfe stehen in dem Bereich von Badbergen. Und dort ist es wiederum der Hof Berner in Wulften, der unbedingt besucht werden sollte. Der Bauer hat nichts dagegen, wenn man ein bißchen näher tritt. Und der Hund beißt nicht.

△ Am Ankumer See erhebt sich weithin sichtbar . . . . . . der ›Artländer Dom‹ ▽

△ Ein Schmuckstück: kleiner Speicher in Badbergen

Vor knapp 300 Jahren entstand die Torhausgruppe des ehemaligen Klosters Bersenbrück ▽

△ Beim Hengstzüchter Vorwerk in Vechta

Hinter seiner Taxushecke: Hof Berner in Wulften ▽

Landstädtchen und Ferienregion
Zentraler Ort des Bersenbrücker Landes, das sich gern als in sich geschlossene Ferienregion sieht, ist das namengebende Landstädtchen. Dort befindet sich – in dem barocken Ostflügel des einstigen Zisterzienserinnen-Klosters, das im Jahr 1231 gestiftet wurde – ein sehenswertes Kreismuseum, in dem bäuerliche Kultur und mittelalterliche Plastiken gezeigt werden.

Das Feriendorf Ankum
Wuchtig, einer Kirchenburg gleich, erhebt sich die Kirche des Ferienortes am Ankumer See. Es ist die katholische Kirche St. Nikolaus, allgemein auch als ›Artländer Dom‹ bezeichnet, die schon von weitem zu sehen ist. Die Kirche wurde in den letzten Jahren des vorigen Jahrhunderts erbaut, in alter Tradition, wie es scheint. Denn auch der mittelalterliche Vorgängerbau mit seinen steinernen Speichern und Toren soll den Eindruck einer regelrechten Dorffestung gemacht haben.
Die Ankumer haben – wie alle Artländer – ihren Spaß an allerlei Döntjes, und gern wird die Geschichte vom wandernden Groschen erzählt. Einst lagen in Ankum nämlich zwei Gastwirtschaften einander gegenüber, und eines Tages besuchte der eine Gastwirt den anderen, legte einen Groschen auf die Theke und bat um einen Schluck, um einen Schnaps. Er bekam ihn und ging wieder. Doch wenig später öffnete sich bei ihm die Tür. Sein Kollege von gegenüber trat ein, legte den Groschen auf den Tresen und bekam ebenfalls seinen Schluck. So ging es den ganzen Tag hin und her, und am Ende wunderten sich die beiden Wirte, daß sie zwar jeder eine Flasche Schnaps verkauft, jedoch nichts eingenommen hatten. Nur in der Kasse des einen lag einsam der wandernde Groschen. Wie die Ehefrauen der beiden Gastwirte über diese nicht gerade gewinnbringende Geschäftsbeziehung ihrer Männer zur Konkurrenz gedacht und was sie dazu gesagt haben, wird nicht überliefert.

△ Kommende Lage mit der Wallfahrtskirche und dem Gnadenbild ▽

Hier wurde der ›Löwe von Münster‹ geboren: Burg Dinklage hinter seinem wassergefüllten Graben ▽

Das Artland ist ein bäuerliches Land ▽

△ Der Hof der Kommende Lage mit seiner Prachtlinde

Im Wildpark bei Burg Dinklage ▽

Die Johanniter-Kommende Lage

Der geistliche Ritterorden der Johanniter war nach der Eroberung Jerusalems durch die Kreuzfahrer im Jahr 1099 gegründet worden. Sehr rasch breitete sich die ritterliche Gemeinschaft zur Bekämpfung der Heiden überall im christlichen Europa aus, und im Jahr 1245 gründete Graf Otto von Tecklenburg die Johanniter-Kommende in Lage, ein klösterliches Gut zur Unterstützung und Vorbereitung der Ordensaufgabe.

Lage sollte bald im niederrheinisch-westfälischen Gebiet eine führende Rolle spielen. Nicht zuletzt aber wurde Lage auch als Wallfahrtsort bekannt – und ist es bis heute geblieben. Die Kreuztracht für die Gnade einer guten Sterbestunde wird nach wie vor geübt.

Mit dem Ende des Mittelalters wandelte sich der ursprünglich mönchische Orden zu einer weinfrohen Jagdrunde. Die Lager Ordensritter beispielsweise hatten sich zu diesem Zweck das ganze Land zwischen Fürstenau und Dammer Berge exklusiv gesichert.

Herren ohne und mit Moral

Während die Johanniter im Mittelalter als höchst achtbare und ehrenwerte Herren weithin gerühmt wurden, kümmerten sich – ein paar ›Häuser‹ weiter – die ritterlichen Herren von Dinklage weder um Moral noch um gute Sitten. Ihre Burg war als Räubernest gefürchtet, bis den Bischöfen von Osnabrück und Münster die Galle überlief. Sie eroberten Dinklage im Jahr 1374 und zerstörten die Burg, die freilich 30 Jahre später bereits wiederaufgebaut war.

Im 17. Jahrhundert erwarb die Familie von Galen das alte Gemäuer, in dem im Jahr 1878 Clemens August Graf von Galen geboren wurde, der später Bischof wurde und während der Zeit des Dritten Reiches als ›Löwe von Münster‹ in den Ruf eines dickschädeligen Querkopfes kam – und eines furchtlosen Verteidigers der menschlichen Rechte. Er starb 1946.

Maßstab 1 : 150 000 0 1 2 3 4 5 km

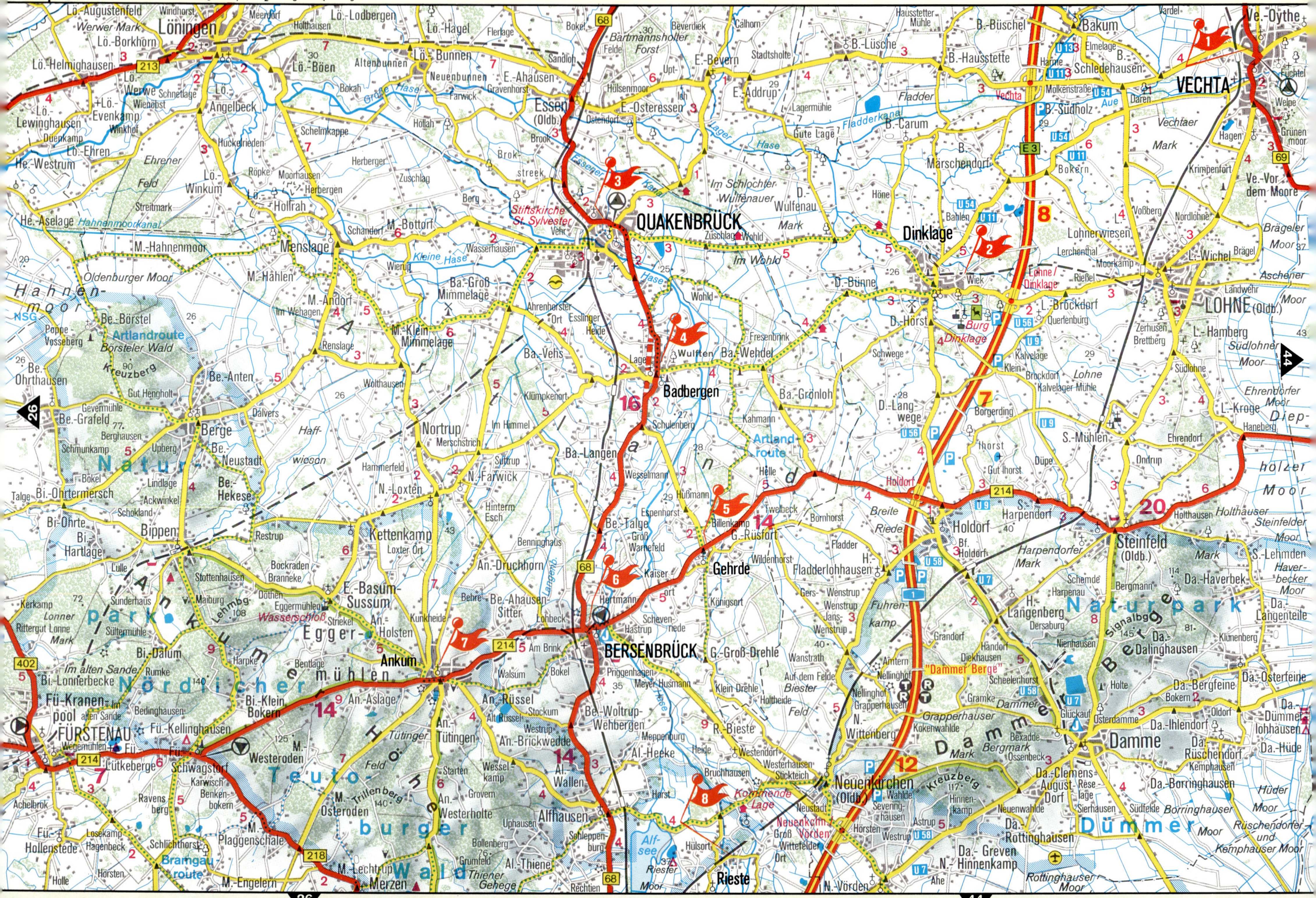

Wo gibt es was?

Fähnchennummer = Textnummer ⓘ = Auskunft

Vechta ①

Vechta entstand im Schutz einer Zollburg an dem wichtigen mittelalterlichen Handelsweg von Bremen nach Westfalen (Stadtrecht 13. Jh.). Die heutige Kreisstadt ist ein wirtschaftliches Zentrum des sogenannten Oldenburgischen Münsterlandes (Landkreise Cloppenburg und Vechta).
Zu den Sehenswürdigkeiten gehören die St. Georgs-Kirche (15., 17. und 18. Jh.), in dessen Kirchenschatz sich unter anderem welfische Armreliquiare (um 1170) befinden, sowie das sogenannte Kaponier (um 1670), ein Rest der Zitadelle des münsterschen Fürstbischofs, und das Rathaus aus dem 18. Jh.
Zu den großen Jahresfesten der Region gehört der ›Stoppelmarkt‹ in Vechta (August).
ⓘ Stadtverwaltung, Kapitelplatz 3, 2848 Vechta 1.

Dinklage ②

Dinklage gehört zu den bevorzugten Ausflugsorten im Dreieck Osnabrück–Oldenburg–Bremen. Bedeutendste Sehenswürdigkeit ist die malerische Wasserburg, auf der der später berühmte Kardinal Clemens-August von Galen (1878–1946) geboren wurde. Die Herren von Dinklage hatten bereits im 13. Jh. eine Burg errichtet, die sich schnell zu einem Räubernest entwickelte. 1374 wurde die Burg von den Truppen der Bischöfe von Münster und Osnabrück zerstört, zu Beginn des 15. Jh. entgegen der Absprache aber wiederaufgebaut. Die heutige Burg ist im wesentlichen aus dem 17. Jh.
Im Bereich der Burg liegt ein Freiwildgehege. Freibad, Ozon-Hallenbad, Tennishalle und Tennisplätze sowie Reithalle. Kirmes ist am ersten Sonntag im Juli und am zweitletzten Sonntag im Oktober.
ⓘ Gemeindeverwaltung, Am Markt, 2843 Dinklage.

Quakenbrück ③

Die romantische Stadt entstand aus einer 1235 vom Osnabrücker Bischof gegründeten Stifts-(Kirchen-)Burg. Ihr Name nimmt entgegen vieler Vermutungen auf eine Brücke im Sumpf Bezug und nicht auf einen Frosch.
Der nach diesem kleinen Tier benannte ›Poggenpad‹ führt zu den einzelnen Sehenswürdigkeiten. Unter anderem zur spätgotischen Hohen Pforte (1485), einem Rest der mittelalterlichen Stadtbefestigungen, zur ebenfalls spätgotischen Sylvesterkirche, einer ehemaligen Stiftskirche aus dem 13. und 15. Jh. mit Gewölbemalerei von 1471, und zu den Burgmannenhöfen (17.–19. Jh.) sowie zum klassizistischen Rathaus (1618 und um 1800). Zahlreiche Fachwerkhäuser aus dem 17. und 18. Jh., darunter das empfehlenswerte Restaurant »Hopfenblüte« (regional).
Reizvoll sind die Hasepartien in der von mehreren Flußarmen durchströmten Stadt. Besuchenswert das Stadtmuseum am Markt (donnerstags, samstags und sonntags geöffnet) und der Fisch- und Gewässerlehrpfad an der Hase. Frei- und Hallenbad, Erholungsgebiet Schützenhof, Segelflugplatz und viele reizvolle Wanderwege. Quakenbrück ist Ausgangspunkt des Radfernwanderweges Quakenbrück–Osnabrück. Zu den großen Volksfesten gehört vor allem der Karneval.
ⓘ Stadtverwaltung, Am Markt 1, 4570 Quakenbrück.

Badbergen ④

Rund um Badbergen liegen stattliche Artländer Bauernhöfe, unter denen vor allem der Hof Berner in *Wulften* Beachtung verdient. Er ist wie viele Artländer Höfe von kunstvoll beschnittenen Taxushecken umschlossen. Ferien auf dem Bauernhof und Reiterferien.
Sehenswert ist die Georgskirche, Mitte des 13. Jh. erbaut, mit wohl noch älterem Turm. Im Innern sind bemerkenswert der auf vier Löwenfüßen ruhende Taufstein aus Bentheim (13. Jh.) und eine aus Eichenholz gefertigte Reiterfigur des heiligen Georg (um 1515).
ⓘ Gemeindeverwaltung 4574 Badbergen.

Gehrde ⑤

Das 1000jährige Gehrde war neben Badbergen und Menslage einer der historischen Hauptorte des *Artlandes*, das seinen Namen vom (hier sehr fruchtbaren) Ackerland hat. Ein anderer Name für das Artland ist auch Nordland oder Osnabrücker Nordland. Doch bezeichnete dieser meist den über das eigentliche Artland hinausreichenden Raum zwischen Fürstenau und Dümmer See.
Gehrde ist ein gemütliches Dorf mit einem nahezu intakten Dorfkern. Sehenswert sind die Bauernhöfe, Fach- und Steinwerkspeicher, die alte Pumpe im Dorfmittelpunkt und die St. Christophorus-Kirche, deren Kruzifix (um 1280) als eines der bedeutendsten Kunstschätze des Osnabrücker Nordlandes gilt.
Gehrde liegt am Radfernwanderweg Quakenbrück–Osnabrück.
ⓘ Gemeindeverwaltung, Lindenstraße 4, 4559 Gehrde.

Bersenbrück ⑥

Aus einer Klostersiedlung wurde der Mittelpunkt des Feriengebietes Bersenbrücker Land. Besondere Sehenswürdigkeit ist das überwiegend aus dem 13. Jh. stammende Kloster mit Torhaus (um 1700), Kreuzgangflügel aus dem 13. Jh. und barockem Ostflügel, in dem sich ein bemerkenswertes Kreisheimatmuseum befindet; es zeigt sakrale Kunst aus der Klosterzeit (13.–18. Jh.) sowie unter anderem Interessantes zu bäuerlichem Wohnen und Arbeiten im Osnabrücker Nordland (täglich außer montags geöffnet).
Beheiztes Freibad und Reithalle.
ⓘ Stadtverwaltung, Lindenstraße 2, 4558 Bersenbrück.

Ankum ⑦

Das Reiterdorf Ankum ist schon von weitem am über die Landschaft aufragenden ›Artländer Dom‹ zu erkennen; die St. Nikolaus-Kirche wurde um 1900 in neuromanischem Stil errichtet und besitzt noch verschiedene alte Ausstattungsstücke.
Ferien- und Freizeitzentrum *Ankumer See* mit Pferdesportzentrum, diversen Sport- und Bademöglichkeiten. Es gibt bei Ankum einen Waldsportpfad und einen urgeschichtlichen Lehrpfad. Der kleine Ort bestand bereits in karolingischer Zeit (9./10. Jh.) und liegt inmitten einer schönen waldreichen Hügellandschaft.
ⓘ Gemeindeverwaltung, Hauptstraße 32, 4554 Ankum.

Rieste ⑧

Rieste liegt in unmittelbarer Nähe des (künstlichen) Alfsees (Ferienzentrum). Das 800 Jahre alte Kirchspieldorf war über Jahrhunderte eng der 1245 gegründeten Johanniter-Kommende *Lage* verbunden. Dieses einsam in der Landschaft liegende ehemalige klösterliche Gut bildete über lange Zeit den geistigen Mittelpunkt des Landes und ist (seit dem 14. Jh.) mit seiner Kirche bis heute ein vielbesuchter Wallfahrtsort. In der 1426 geweihten Klosterkirche befindet sich (als Gnadenbild) ein überlebensgroßer gotischer Kruzifixus (1315). Die Gebäude der ehemaligen Komturei aus dem 17. Jh. wurden in ein empfehlenswertes Hotel mit einem guten Restaurant und einem idyllischen Kaffeegarten umgestaltet.
Zu den Volksfesten gehören das Riester Schützenfest (3. Wochenende im Juli) und das Riester Bürgerfest am letzten Wochenende im August.
ⓘ Gemeindeverwaltung 4555 Rieste.

Aus der Oldenburger Schweiz an den Dümmer

Aus der Oldenburger Schweiz der Jahrhundertwende sind längst wieder die Dammer Berge geworden – und sie sind nicht weniger schön als damals. Ihnen zu Füßen liegt der Dümmer See (Foto), eines der wenigen Beispiele für friedliches Miteinander von Natur und Freizeitvergnügen. Und in Rahden erzählt zeitgemäß der Museumshof von den Altvorderen.

△ Ruhe und Rummel am Dümmer See: Spaziergänger . . .

. . . und ›Der Dümmer brennt‹ ▽

Diepholz' mächtiger Burgturm ▽

Lembruch ist der Dümmer-Mittelpunkt für die Freizeitler ▽

△ Damme: Märchenpark beim Schweizer Haus

Restaurierte Diepholzer Münte, einst Besitz des bischöflichen Münzmeisters ▽

Romanisch wirkt das vor 100 Jahren erbaute Schloß Neubarenaue ▽

Eine Reise in die Schweiz – in die Oldenburger freilich

Wenn um die Jahrhundertwende die Oldenburger in die Schweiz fuhren, dann natürlich nicht in irgendeine Schweiz, sondern in ihre, in die Oldenburger Schweiz. Dort zogen sie dann fröhlich singend und ausgerüstet mit Botanisiertrommel und Schmetterlingsnetz durch die Wälder – und bestiegen den höchsten Berg ihrer Schweiz.
Heute ist im Zusammenhang mit der Oldenburger Schweiz im allgemeinen von den Dammer Bergen die Rede. Die höchste Erhebung ist der 145 Meter hohe Signalberg. Aber das beliebteste Ausflugsziel in den Dammer Bergen blieb das Schweizer Haus. Ein architektonischer Ausdruck einer Zeit, da ganz Norddeutschland – gut hundert Jahre sind es her – von der, ach, so fernen Schweiz schwärmte und die Sehnsucht wenigstens ein bißchen dadurch stillte, daß man sich einfach eine eigene kleine Schweiz zulegte. Damals bekam auch die Holsteinische Schweiz ihren Namen.

Von Germanen und Römern

Der Märchenwald beim Schweizer Haus bekundet, daß in dieser Gegend gern Geschichten erzählt werden.
Immer wieder beispielsweise die von Hermann dem Cherusker. Nicht im Teutoburger Wald, sondern in den Dammer Bergen habe er die Römer geschlagen – so heißt es. Und zwar im Jahr 9 nach Christi Geburt.
Natürlich ist es nicht sicher, im Gegenteil, eher zweifelhaft, ob die Geschichte von der gewaltigen Varusschlacht eines Tages zugunsten der Dammer Berge revidiert werden muß. Sicher ist aber, daß Römer und Germanen in diesem Gebiet häufiger aneinandergeraten sind. Es heißt, auch der Römer Germanicus habe in den Dammer Bergen seine zunächst siegreichen, später aber erfolglosen Kriege gegen die Germanen geführt.

△ Museumshof Rahden: Dresch-Utensilien in der Deele; hinter dem Heu standen die Kühe

△ Remise, Haupthaus in der Mitte, Bienenstand, Backhaus und Scheune

△ In der Luchtecke, einem Teil des Fletts mit der Feuerstelle, wurden gemeinsam die Mahlzeiten eingenommen

△ Pferde in Ströhen: als Giebelbretter . . .

. . . und auf der Weide ▽

Die wuchtigen Reste der Burg Rahden neben dem Freilichtmuseum ▽

In den Mooren um den Dümmer wird noch heute Torf abgebaut ▽

Wassersport am Dümmer See

Daß die Gegend rund um den Dümmer See uraltes Siedlungsgebiet ist, konnte an Hand von vielen Entdeckungen bewiesen werden. Jahrtausendealte Scherben und Werkzeuge aus der Jungsteinzeit wurden in den Uferzonen des Dümmer Sees gefunden, die sich heute vorzugsweise als Feriensiedlungsgebiete empfehlen.
Der Dümmer ist Mittelpunkt des Naturparks Dümmer mit seinen Moorgebieten und Vogelkolonien. Auf dem 18 Quadratkilometer großen und nur bis zu 1,3 Meter tiefen See wird Wassersport betrieben – vor allem Segeln. Segler treffen sich dort alljährlich zu Wettbewerben. Und wenn es im Winter so richtig gefroren hat, dann kommen die Eissegler.

Nach Rahden und Ströhen

Der Standort des Museumshofes von Rahden ist schon von weitem an der Burgruine zu erkennen. Es sind die Reste einer alten Lehnsburg der Fürstbischöfe von Minden. Sie soll oft umkämpft worden sein. Und so sieht sie auch aus.
Aber der Museumshof in Rahden ist ein Schmuckstück, in dem plastisch aus dem Leben der Bauern im Westfälischen erzählt wird. Von damals, als die Leute auf dem Lande Wand an Wand mit den Kühen wohnten, die Knechte und Mägde aber auf den Speicher krabbeln mußten oder unter dem Dach der Backstube schliefen, wo es jedenfalls warm war. Aber eine der Mägde, die mußte nachts in dem kleinen Bleichhaus kampieren und auf die Wäsche aufpassen, die zum Bleichen ausgelegt worden war. Es heißt, diese kleinen Bleichhäuser seien, fernab der Kontrolle des Bauern, beliebte Treffpunkte der Jugend des Hofes gewesen.
Wer in Rahden zu Gast ist, der sollte sich einen Ströher Schwarten einschenken lassen, den es aber sicherlich – und erst recht – auch in Ströhen geben wird. Es ist ein tiefschwarzer Kaffee mit viel Zucker drin – und zwei klaren Schnäpsen.

Maßstab 1 : 150 000 0 1 2 3 4 5 km

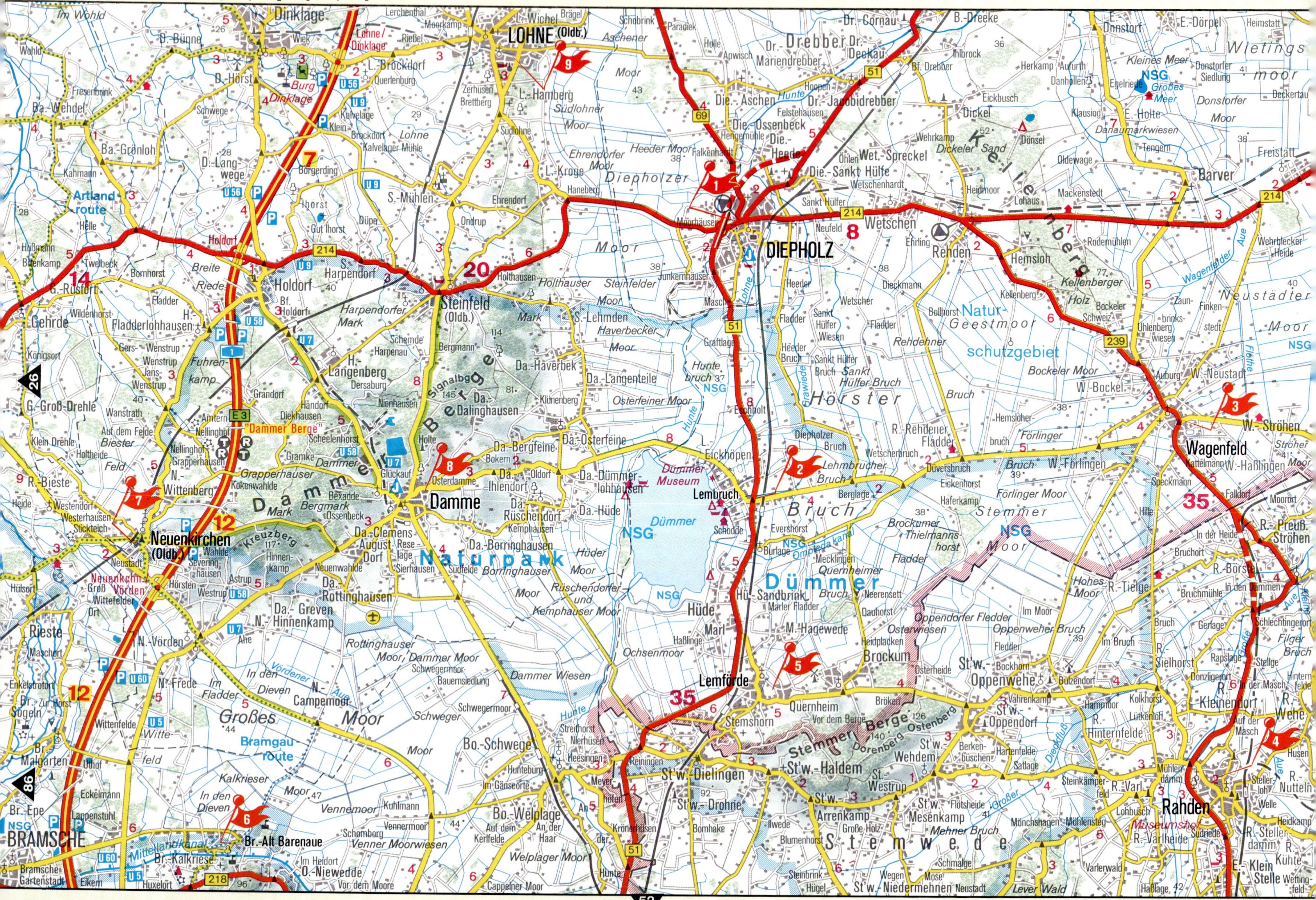

Wo gibt es was?

Fähnchennummer = Textnummer ❶ = Auskunft

Diepholz ①

Diepholz, einst (seit dem 12. Jh.) ein Grafensitz, hat sich in den vergangenen Jahren zunehmend zum Mittelpunkt eines Feriengebietes entwickelt, zu dem auch der Dümmer See gehört. Die nähere Umgebung der Stadt besteht aus Moor- und Bruchlandschaften – aus (namengebenden) tiefem Wasser und Bruchwald. Nach dem Aussterben der Grafen 1585 ging die Stadt (Stadtrecht 1380) in den Besitz der Herzöge von Braunschweig-Lüneburg über.
Nach Zerstörung im Dreißigjährigen Krieg wurde das Schloß Mitte des 17. Jh. wiederaufgebaut (Ursprung 12. Jh.; heute Amtsgericht). Von der mittelalterlichen Anlage blieb der aus Granitblöcken erbaute Rundturm, Erinnerung an die Vergangenheit des Ortes (Haube von 1663). Ein Restaurant beherbergt heute die schön restaurierte Münte (Münze), ein Fachwerkhaus aus dem 17. und 18. Jh.
Diepholz gilt als guter Ferienplatz für Reiter, Motor- und Segelflieger (Fliegerhorst) und Sportangler. Frühjahrsmarkt im April und Weihnachtsmarkt am ersten Dezember-Wochenende, mehrere Schützenfeste während der Sommermonate und der Diepholzer Großmarkt am dritten Wochenende im September.
❶ Stadtverwaltung, Lange Straße 12, 2840 Diepholz.

Lembruch ②

In Lembruch sind noch einige alte niedersächsische Bauernhäuser erhalten. Doch mehr und mehr wird das Ortsbild vom Tourismus geprägt. Lembruch liegt unmittelbar am Dümmer See – einem der bevorzugten Ferienziele im Nordwesten.
Der *Dümmer See*, von der Hunte durchflossen, ist der zweitgrößte Binnensee in Niedersachsen und Mittelpunkt des abwechslungsreichen und vielgestaltigen Naturparks Dümmer. Seine Wassertiefe beträgt maximal nur 1,3 Meter. Das Wasser wird entsprechend schnell warm. Auf dem See bestehen sehr gute Wassersportmöglichkeiten. Es gibt Bootsvermietungen mit Segel-, Ruder-, Paddel- und Tretbooten; außerdem eine Segelschule. Auf den Naturfreund übt der Dümmer See wegen der reichen Vogelwelt eine große Anziehungskraft aus; so gibt es dort beispielsweise eine Kolonie von Graugänsen.
Zu den beliebten Veranstaltungen in Lembruch gehören die alljährlich im Sommer stattfindenden Segelregatten, an denen mitunter bis zu 200 Boote teilnehmen, Schützenfeste in den einzelnen Ortsteilen und vor allem die Großveranstaltung ›Der Dümmer brennt‹: Es ist ein Feuerwerk, das im allgemeinen am zweiten oder dritten Samstag im August abgebrannt wird. Sehenswert ist das Dümmer-Museum mit einer 20-Meter-Aquarienfront mit allen Fischarten aus dem Dümmer; Dioramen zeigen die Vogelwelt (täglich geöffnet März bis Oktober). Ein Restauranttip ist »Landhaus Götker« (Tiemanns Hof).
❶ Fremdenverkehrsverein Dümmer See, 2841 Lembruch.

Wagenfeld ③

Die Feriengemeinde Wagenfeld bietet als besondere Sehenswürdigkeit den täglich geöffneten Naturtierpark Ströhen, der sich aus dem seit 1240 im Familienbesitz befindlichen Hof Wege entwickelt hat. Die Geschichte des Naturtierparks begann 1959 mit einer Zwerghuhnzucht. Heute sind rund 700 Tiere zu sehen, die 160 Arten angehören. Darunter befinden sich auch Raubkatzen; bemerkenswert ist das Vollblutaraber-Gestüt. Im Naturtierpark gibt es einen sehr schönen Kinderspielplatz.
❶ Gemeindeverwaltung, Hauptstraße 16, 2841 Wagenfeld.

Rahden ④

Allein das Freilichtmuseum Museumshof lohnt einen Besuch in Rahden. Aus der ganzen Gegend zusammengetragen, gruppieren sich um das Haupthaus von 1689 Speicher, Backhaus, Scheune, Schafstall, Wagenremise, Bokemühle (zum Flachsbrechen), Bleichhütte und Bienenstand. Alles wurde ›wie damals‹ eingerichtet; es gibt Gerät zum Backen, Buttern, Flachsverarbeitung, Spinnen und Weben, außerdem bäuerliche Technik vergangener Zeiten und sogar Tierhaltung (täglich außer montags geöffnet März bis Oktober). Sehenswert sind außerdem die Ruine der Wasserburg (Ursprung 13. Jh.) und die wiederholt umgebaute Johanniskirche (13.–18. Jh.).
❶ Stadtverwaltung, Lange Straße 9, 4993 Rahden.

Lemförde ⑤

Die Samtgemeinde liegt in einer einzigartigen Naturlandschaft im Bereich des Dümmer Sees. Es ist ein ruhiger Platz, in dem sich vor allem Wassersportler wohl fühlen. Nur noch der bisher unrestaurierte ehemalige Amtshof erinnert schwach an kriegerische Zeiten (13. bis 17. Jh.), als die damalige Burg Lemförde als wichtiger strategischer Platz im seinerzeit verkehrsmäßig schwer zugänglichen Land heftig umkämpft wurde. Zum Wandern bieten sich der fast 20 Kilometer lange Dümmer Deich und die ausgedehnten Waldungen der Stemmer Berge an.
❶ Samtgemeindeverwaltung ›Altes Amt Lemförde‹, Bahnhofstraße 10a, 2844 Lemförde.

Alt-Barenaue ⑥

Wohl schon im 13. Jh. wurde an einer alten, eventuell bereits in römischer Zeit benutzten Straße in Ost-West-Richtung die Wasserburg Barenaue errichtet; nach einem Brand 1689 schloßartig erneuert (Alt-Barenaue). Südlich des Mittellandkanals steht das neuromanische *Schloß Neubarenaue* (1857–1882). Beide Schlösser sind in Privatbesitz.

Neuenkirchen ⑦

Neuenkirchen liegt im Erholungsgebiet Dammer Berge inmitten einer waldreichen Landschaft. Zu den Sehenswürdigkeiten gehören die neugotische Kirche (19. Jh.) und ein 18 Meter hoher Aussichtsturm auf dem 107 Meter hohen *Steigenberg*. In der Umgebung ein gut ausgeschildertes Wanderwegenetz.
❶ Gemeindeverwaltung, Küsterstraße 4, 2846 Neuenkirchen (Oldenburg).

Damme ⑧

Der Ort blickt auf eine weit über tausend Jahre alte Geschichte zurück. Ausflugsmöglichkeiten in die Dammer Berge; beliebtes Ziel ist das Schweizer Haus, bei dem sich ein Märchenwald befindet. In und um Damme kann man wandern, Radtouren unternehmen und Reiterferien machen.
❶ Gemeindeverwaltung, Kalistraße 1, 2845 Damme.

Lohne ⑨

Das tausendjährige Lohne ist ein beliebter Einkaufsort. Sehenswert sind die dreitürmige St. Gertrud-Kirche (19. Jh.) mit Mosaikvertäfelung und die an alter Stelle bis 1970 wiederaufgebaute Wallfahrtskapelle St. Anna-Klus; die bereits vom 14. Jh. bis 1874 besuchte Gnadenquelle wurde 1950 neu gefaßt. Bis heute wird die *Burg Hopen* südlich der Stadt von ihrem breiten Wassergraben umgeben; die Burg wurde 1479 errichtet (Privatbesitz).
Rund um Lohne viele reizvolle Wandergebiete wie die Südlohner Bergmark oder der Burgwald. Im Stadtpark eine in den Sommermonaten bespielte Freilichtbühne.
❶ Stadtverwaltung, Vogtstraße 26, 2842 Lohne.

140 Millionen Jahre Wiehengebirge

Geradezu neuzeitlich erscheint das Alte im Heimatmuseum von Georgsmarienhütte (Foto), verglichen mit den Saurierspuren bei Barkhausen, vor rund 140 Millionen Jahren in den Uferschlamm eines urzeitlichen Meeres getreten. Und nicht als Mann aus sagenferner Zeit, sondern höchstens von gestern wirkt Widukind, auf dessen Spuren man heute im Wiehengebirge wandern kann.

Sohlendoppel-
maschine
Nähmaschine
DÜRKOPP

△ Bad Essen rund um seine Kirche

Spuren fossiler Wattwanderer bei Barkhausen ▽

△ Altes Fachwerk findet immer Verwendung

△ Bad Essen pflegt sein bäuerliches Bauerbe

Schledehausen: die Schelenburg mit ihrem Försterhaus ▽

Bauernland am Rand des Wiehengebirges bei Preußisch Oldendorf ▽

Barkhausen: ein Blick 140 Millionen Jahre zurück

Die ersten nachweisbaren Wattwanderer der Erdgeschichte haben ihre Fußspuren – im Mittelgebirge hinterlassen. Es sind die Dinosaurierfährten von Barkhausen im Wiehengebirge, nicht weit entfernt von Bad Essen in einem stillgelegten Steinbruch und über einen schmalen Fußweg zu erreichen. Die Fährten wurden 1921 bei geologischen Erkundungen über die Eisenerz-Lagerstätten im Wiehengebirge entdeckt. Sie stammen aus dem Erdmittelalter und sind etwa 140 Millionen Jahre alt. Auf einer etwa zehn Meter langen und sechs Meter hohen Gesteinswand befinden sich diese elefantenfüßigen und dreizehigen Fußstapfen von Tieren, die nach Ansicht von Wissenschaftlern Vorfahren der Reptilien gewesen sind. Säugetiere waren es sicherlich nicht; denn die waren zu jener Zeit noch ziemlich klein und hatten auf der Erde zudem noch nichts zu sagen.
Damals herrschten die Saurier, von denen es mehrere Familien gab. Nachfahren dieser Saurier-Sippen existieren noch heute: die Krokodile.

Sie lebten im Wasser

Die Wattläufer von Barkhausen gibt es allerdings nicht mehr. Sie sind vor vielen, vielen Millionen Jahren ausgestorben. Bis heute weiß niemand, wie das geschah. Bei den Barkhausener Sauriern handelt es sich um Tiere aus der Familie der Saurischia, deren Angehörige als Pflanzenfresser und als Raubtiere eine ziemlich bedeutende Rolle auf der Erde spielten. Sie waren etwa dreizehn Meter groß, hatten ein winziges Gehirn und einen mächtigen Schwanz, den sie wie eine Peitsche benutzen konnten, was sehr wichtig war, um sich gegen feindliche Angriffe zu verteidigen. Sie besaßen sonst nichts, keine Stoßzähne, keine Hörner, kein dickes Fell. An Land, so wird vermutet, waren sie tollpatschig, im Wasser aber schnell.

△ Melles »Heimathof« am Grönebergpark

△ Vieltürmig: das Wallfahrtsziel Rulle

△ Nahe der Wasserburg Sondermühlen steht diese 200jährige Mühle

△ Ein alter Ziehbrunnen in Holte

Melle: Kaffeepause beim Märchenpark ▽

Hier soll einst Herzog Widukind Zuflucht gesucht haben: Reste der Wittekindsburg bei Rulle ▽

Alle Arten von Eisenbahnschienen zeigt das Georgsmarienhütter Heimatmuseum in der Villa Stahmer ▽

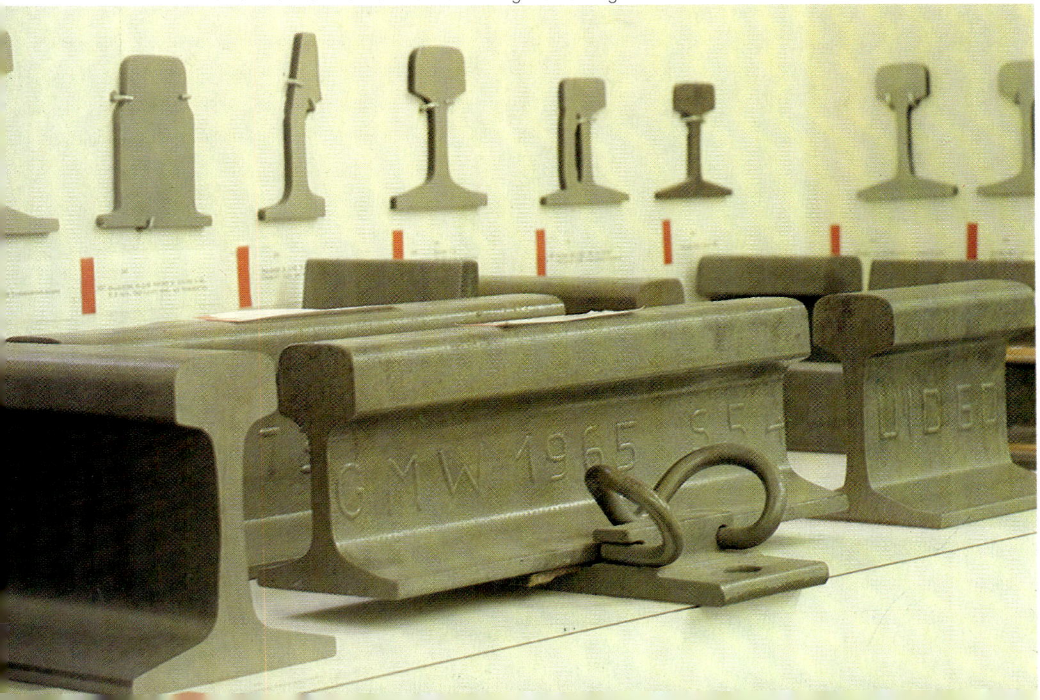

<u>Auf Herzog Widukinds Spuren</u>
Es hat in diesem Land nicht nur die ferne Vergangenheit ihre Spuren hinterlassen. Der Wittekindsweg, einer der schönsten Wanderwege im Bereich des Wiehengebirges, erinnert an die Streifzüge des Sachsenherzogs Widukind, der auch Wittekind genannt wurde.
Und in Melle war einst das Zentrum des alten Grönegaues zwischen Wiehengebirge und Teutoburger Wald. Noch heute weisen bei Altenmelle Gerichtslinden auf die Bedeutung des Ortes als Gerichtsstätte hin.

<u>Die Hütte Georgs und Maries</u>
In eine doch noch recht nahe Vergangenheit führt der Ort Georgsmarienhütte, der aus der alten Bauernschaft Malbergen hervorgegangen ist. Dorthin wurde im Jahr 1856 ein kleines Hüttenwerk verlegt, das offenbar beim hannoverschen König in hoher Gnade stand und von ihm wohl auch gefördert wurde. Jedenfalls erhielt es bald den offiziellen Namen Georgs-Marien Bergwerks- und Hüttenverein. Der Name setzte sich aus den Vornamen des Königspaares, Georg V. und Marie, zusammen. Später ging der Firmenname in den Ortsnamen über. Der Ort war ohne die Hütte nicht denkbar.

<u>Die ›Schätze‹ der Stadt</u>
Inzwischen hat sich Georgsmarienhütte auch zum Fremdenverkehr hin orientiert. Und gern führt man seine ›Schätze‹ vor. Dazu gehört der Rathausplatz mit dem ›Trompetenbrunnen‹, an dem jede Trompete einen Stadtteil symbolisiert.
Vor allem aber sollte man einen Besuch bei Herrn Müller und Herrn Schulze machen, zwei alten Backformen, die ein bißchen zum Wahrzeichen des Heimatmuseums in der Villa Stahmer geworden sind. In diesem Museum wird natürlich auch die Geschichte der Hütte erzählt, und einer der Besonderheiten ist – neben Handwerksstätten und Zeugnissen alten Brauchtums – eine komplette Sammlung von Schienen von 1800 bis heute.

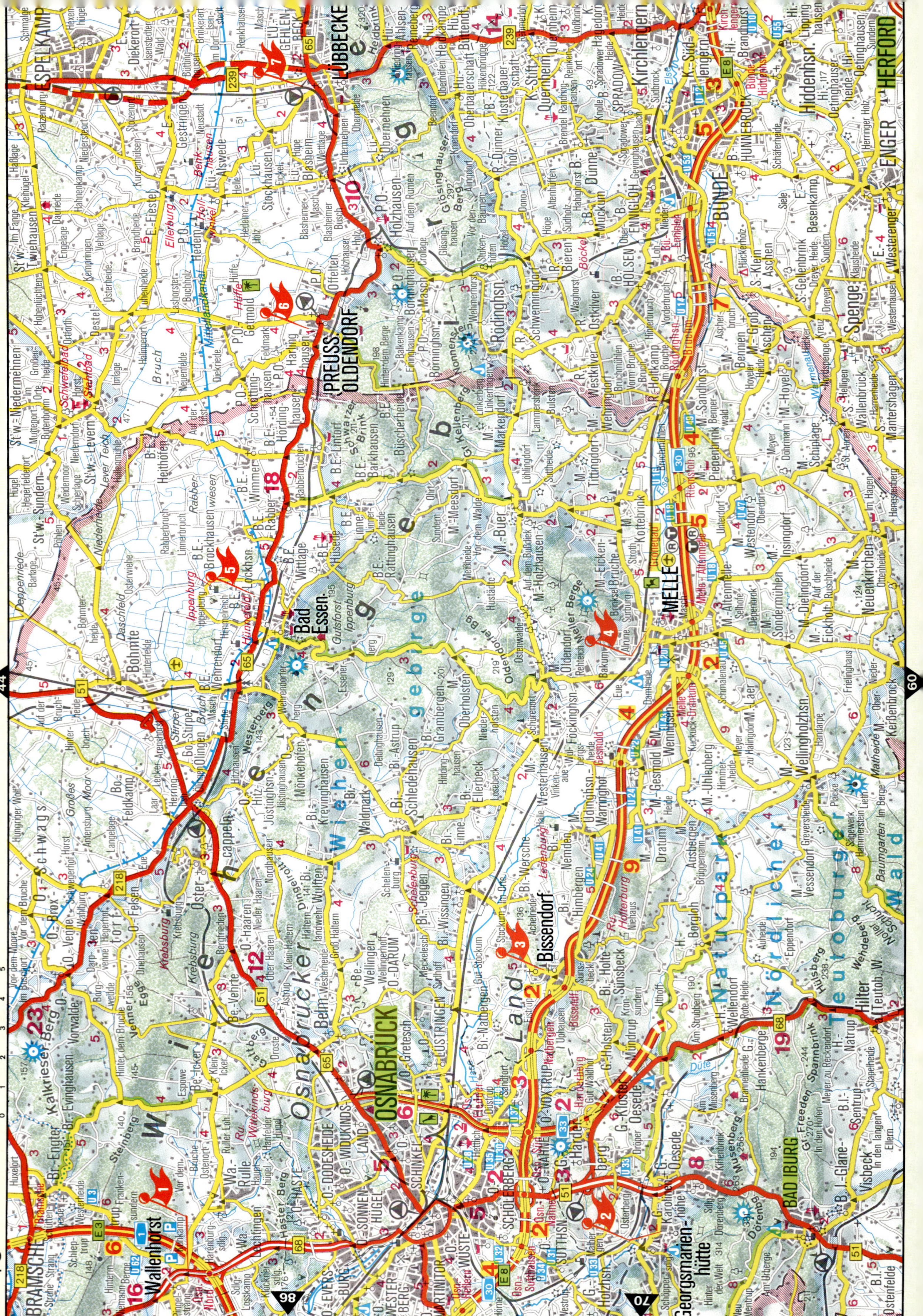
Maßstab 1 : 150 000
km
OSNABRÜCK
BRAMSCHE
Wallenhorst
BAD IBURG
Georgsmarienhütte
Bissendorf
MELLE
Bad Essen
PREUSS. OLDENDORF
LÜBBECKE
ESPELKAMP
BÜNDE
Kirchlengern
HERFORD
ENGER
Spenge
Wiehengebirge
Osnabrücker Land
Nördlicher Teutoburger Wald
Naturpark

Wo gibt es was?

Fähnchennummer = Textnummer ⓘ = Auskunft

Wallenhorst ①

Zu den Sehenswürdigkeiten in Wallenhorst gehört die Alte Alexanderkirche, die in mehreren Bauabschnitten errichtet und vermutlich bereits im 8. Jh. geweiht worden ist (überwiegend 12. und 13. Jh.).
In *Rulle* gibt es auf einem Bergrücken über der Nete Reste einer Burg, in der – so wird erzählt – der Sachsenherzog Widukind Schutz vor seinen fränkischen Feinden gesucht haben soll; Widukind hatte überall im Lande Burgen. Das ehemalige Zisterzienserinnen-Kloster (Wallfahrtsort) hat seinen Ursprung im 13. Jh.; Umbauten der Gebäude im 18. Jh., der Kirche im 20. Jh.
ⓘ Gemeindeverwaltung, Hollager Straße 127, 4512 Wallenhorst.

Georgsmarienhütte ②

Georgsmarienhütte ist beliebt bei Kurzzeit- und Wochenendurlaubern, die Erholung vor allem in der waldreichen Umgebung des Ortes suchen. Für einen Überblick: der Hermannsturm (21 m) auf dem 331 Meter hohen *Dörenberg.* Georgsmarienhütte besitzt ein Freizeitzentrum mit Hallenbad, Sauna, beheiztem Freibad und ein in wunderschöner landschaftlicher Umgebung gelegenes Waldbad. Wandern und Radwandern sind beliebte Freizeitbeschäftigungen. Unbedingt sehenswert ist das Heimatmuseum in der Villa Stahmer mit Schuster-, Holzschuhmacher-, Schneider-, Schmiede- und Tischlerwerkstatt sowie Web- und Backstube (dienstags, donnerstags und sonntags geöffnet). Kirmes, Schützenfeste und Flohmärkte. Besuchenswert ist das ehemalige Benediktinerinnen-Kloster *Oesede,* in dessen Klosterkirche (Ursprung 12. Jh.) sich unter anderem ein kleines Gnadenbild der Maria im Kindbett aus der Zeit um 1440 befindet.
ⓘ Stadtverwaltung, Oeseder Straße 85, 4504 Georgsmarienhütte.

Bissendorf ③

Das Feriengebiet Bissendorf gehört zu den landschaftlich reizvollsten Gegenden im Einzugsbereich von Osnabrück. Noch im Aufbau befindet sich das Heimatmuseum; die Heimatstube im Herrenhaus (1617) des Gutes Bissendorf zeigt bäuerlich-bürgerliches Leben alter Zeit (samstag- und sonntagnachmittags geöffnet).
In *Schledehausen,* wo ein Kurgarten mit einem historischen Steinwerk als Haus des Gastes neu angelegt wurde, kurte man bereits vor hundert Jahren. Die *Schelenburg* war Sitz der Familie von Schele; der Humanist Jasper von Schele, ein gebildeter Herr, weilte als Student in Wittenberg und war – um 1540 – Tischgenosse Martin Luthers. Die Schelenburg (Privatbesitz) ist eine malerische Wasserburg, eine der schönsten des Osnabrücker Landes. Sie wurde bereits um 1160 erwähnt und im 16. Jh. ausgebaut; der Turm noch aus dem 12. Jh. Der Burghof ist (meistens samstags) Schauplatz des sehr bodenständigen ›Schelenburger Zehnkampfes‹. Aus dem 16. Jh. stammt die von einer wassergefüllten Gräfte umgebene *Ledenburg* (Privatbesitz) bei *Nemden.* Wanderer (Bissendorfer Burgen-Rundweg, 70 km), Pferdesportler, Radtouristen und auch Autotouristen finden im Feriengebiet Bissendorf ideale Bedingungen. Es werden Planwagenfahrten veranstaltet.
ⓘ Feriengebiet Bissendorf, Im Freeden 7, 4516 Bissendorf 1.

Melle ④

Melle, an einer alten Handelsstraße gelegen, war Zentrum des Grönegaus, alter Gerichtssitz und um 800 Taufort des Landes. Heute ist Melle ein kleiner Kurort mit einem modernen Kurmittelhaus und einem Sole-Bewegungsbad.
Zu den Sehenswürdigkeiten gehören die nach dem Brand von 1713 erhalten gebliebenen Bürgerhäuser, darunter die Alte Posthalterei (17. Jh.), die Matthäuskirche aus dem 13. und 14. Jh. und die *Wasserburg Gesmold* mit Bauteilen aus dem 12. bis zum 18. Jh., im Ursprung ein Wohnturm. Das zum Schloß gehörende Mausoleum wurde 1739 erbaut und sollte ursprünglich ein Lusthaus sein. Seit 1835 wird es als Erbbegräbnis genutzt. Bei Gesmold befindet sich die sogenannte Bifurkation der Hase: Der aus dem Teutoburger Wald kommende Fluß teilt sich dort, fließt als Hase über Osnabrück in die Ems und als Else über Melle in die Weser.
Besuchenswert ist vor allem auch das Sport- und Erholungszentrum mit Heimatmuseum (täglich außer montags geöffnet März bis Oktober, sonst nur an Wochenenden) am Grönenberg; dazu gehören Tennisplätze, eine Reithalle, ein Schießstand und im Winter ein Hallenbad. Außerdem am Grönenberg ein beheiztes Wellenfreibad. Der Märchenwald von Melle ist von Ostern an bis November geöffnet. Die Spielzeit der Waldbühne (Märchen- u. a. Spiele) ist immer von Juni bis August. Der Wildpark ist an Wochenenden und an Feiertagen geöffnet; in ihm befinden sich Damwild, Schwarzwild und Mufflons. In den Meller Bergen 130 Kilometer gekennzeichnete Wanderwege (Trimm-Dich-Park). Ein empfehlenswertes Restaurant ist der »Heimathof« im Grönenbergpark (alte Einrichtung, teilweise regionale Küche).
ⓘ Kurverwaltung, Rathaus, 4520 Melle.

Bad Essen ⑤

Auf eine weit über 900jährige Geschichte blickt Bad Essen zurück, das aber auch als anerkannter Badeort bereits zu den ›Senioren‹ gehört: Wegen der heilenden Wirkung seiner Solevorkommen wurde Essen bereits 1902 mit dem Attribut ›Bad‹ geschmückt. Das Ortsbild wird von schönen Fachwerkhäusern geprägt. Sehenswert sind die St. Nikolaus-Kirche (überwiegend 14. und 15. Jh.) und – nördlich der Stadt – das *Haus Hünnefeld,* eine Wasserburg (überwiegend 17. und 18. Jh.; Privatbesitz) mit Resten einer mittelalterlichen Burganlage. Im Bereich der Burg befindet sich der runde Taubenturm von 1701 und ein bemerkenswerter, im vorigen Jahrhundert angelegter Park mit seltenen Bäumen. Die *Ippenburg* wurde 1865 im neugotischen Stil errichtet (Privatbesitz).
Bad Essen hat ein Solefrei- und ein Solehallenbad. Die Umgebung eignet sich hervorragend zum Wandern. Eines der beliebtesten Ziele sind die Saurierspuren bei *Barkhausen.*
ⓘ Gemeindeverwaltung, Postfach 1329, 4515 Bad Essen 1.

Preußisch Oldendorf ⑥

Den Luftkurort im Wiehengebirge – Preußisch genannt seit dem 17. Jh. im Gegensatz zu Hessisch Oldendorf – bezeichnete bereits die erste Erwähnung vor gut 1000 Jahren als Aldenthorpe (Altes Dorf). Um 1500 wurde die Dionysiuskirche errichtet. Ausgangsort für Wanderungen und Touren durchs Wiehengebirge.
ⓘ Verkehrsamt, Rathausstraße 3, 4994 Preußisch Oldendorf.

Lübbecke ⑦

Die Bierstadt Lübbecke – bereits als Ort während der Sachsenkriege Karls des Großen erwähnt – ist ein beliebter Ausflugsort am Wiehengebirge.
Zu den Sehenswürdigkeiten gehören unter anderem die Andreaskirche (12. und 14. Jh.) sowie der Burgmannshof (1735); in letzterem das Heimatmuseum mit Zeugnissen der Wohnkultur und des Handwerks (dienstags bis freitags sowie samstagvormittags geöffnet). Gute Aussicht bietet der unweit von Lübbecke gelegene 319 Meter hohe *Wurzelbrink.*
ⓘ Verkehrsamt, Rathaus, Kreishausstraße 4, 4990 Lübbecke.

›Bäderdreieck‹ im Teutoburger Wald

Hoch über dem heutigen Kneippkurort Bad Iburg thront noch immer das Residenzschloß der Osnabrücker Fürstbischöfe (Foto). Die beiden anderen Heilbäder verdanken ihr Renommee dem Salz, wobei Bad Rothenfelde zu einem der führenden Solebäder Deutschlands geworden ist.

△ Bad Iburg: im Rittersaal des Schlosses Porträts Osnabrücker Bischöfe

△ In den Nischen des Klosterbaus: der heilige Clemens und Benno II.

Jagdschloß Freudenthal ▽

△ Eine Zelle des Benno-Turmes

Im Uhrenmuseum des Schlosses ▽

Der Benno-Turm ist der älteste Teil des Iburger Schlosses ▽

Bischof Benno, der nicht im Schulbuch steht

Das Bild fand Eingang in alle Schulbücher: Der deutsche König Heinrich IV., in Büßerhemd und barfuß, steht einsam und verlassen im Schneegestöber vor den Toren der päpstlichen Behausung zu Canossa. Tatsache ist aber, daß Heinrich im Jahr 1077 nicht allein dort gestanden hat. Benno war bei ihm, seit 1068 Bischof von Osnabrück und wohnhaft auf Schloß Iburg.
Dieser Benno war ein geschickter Mann, Schwabe von Geburt, der es verstanden hatte, sowohl das Vertrauen des Königs zu gewinnen, dessen Pfalz in Goslar er lange verwaltet hatte, wie auch den Papst in Rom für sich einzunehmen. Und seine Geschicklichkeit brachte auch den Osnabrückern eine Reihe von Vorteilen.

Erinnerungen an Bischof Benno

Einer dieser Vorteile war unbestritten der Entschluß, nicht in Osnabrück zu residieren, sondern außerhalb, in Iburg. Hohe Herren sind stets am besten aus der Distanz zu ertragen. Und nachdem er die feste Burg Iburg zur Residenz ausgestattet hatte, ließ er Urkunden fälschen, mit denen er der Osnabrücker Kirche Vorteile im Emsland verschaffte, die eigentlich dem Kloster Corvey zustanden. Im Jahr 1080 stiftete Benno das Kloster Iburg, als Heimstatt der Benediktiner – und für sein eigenes Seelenheil. Heute erinnert der Benno-Turm an sein erfolgreiches Wirken. Dieser Benno-Turm ist nicht nur der Bergfried der Burg, er steht auch für düstere Kapitel in der zeitweise prunkvollen Residenzgeschichte. In ihm warteten die führenden Wiedertäufer von Münster aneinandergekettet auf ihre Hinrichtung, nachdem sie – im Jahr 1535 – unter den Gerichtslinden zum Tode verurteilt worden waren. 48 Jahre später wurden hinter den dicken Mauern des Turms zwanzig sogenannte Hexen gequält. Auch sie mußten sterben.

△ 1830 wurde der Galeriehollander von Glandorf errichtet

△ Bad Laer: Entenfüttern im Kurpark

△ Bad Rothenfelde: Eingang zum Kurpark und das große Kurhaus ▽

Bad Rothenfelde: das Gradierwerk, ein Überbleibsel aus längst vergangenen Salinenzeiten ▽

Erinnerungen an die fünfziger Jahre in Bad Rothenfelde: Motorisierung vom Traum-BMW 327 bis zur Isetta ▽

Später, während des Dreißigjährigen Krieges von 1618 bis 1648, wüteten niederländische und schwedische Landsknechte in der alten Burg. Höfischer Glanz kehrte aber zurück, als Sophie von der Pfalz dort als Hausherrin einzog. Sie war die Frau des Welfen Ernst-August I., der im Jahr 1662 als erster Fürstbischof an die Spitze des zu einem weltlichen Fürstentum avancierten Bistums Osnabrück gestellt wurde.
Sophie war eine gebildete und prunkliebende Dame. Sie hat später, als Kurfürstin von Hannover, die Gärten in Herrenhausen anlegen lassen. In die Geschichte ist sie als Mutter der Könige von Preußen und von England eingegangen.

<u>Von Salinen und Gradierwerken</u>
Zu den bedeutenden Kur- und Badeorten im südlichen Teil des Osnabrücker Landes gehören Bad Laer und Bad Rothenfelde. Zumal Bad Rothenfelde gilt heute als eines der bedeutendsten Solebäder in Deutschland. Die Salzquelle wurde erst vor gut 260 Jahren entdeckt, und es war damals der Fürstbischof Ernst-August II. von Osnabrück, der die Initiative ergriff. Er ließ eine Saline, ein Salzwerk, einrichten. Bereits in den Jahren 1773 bis 1777 wurde das Alte Gradierwerk errichtet, keine 40 Jahre später folgte das Große Gradierwerk. Diese Gradierwerke gibt es nur noch in wenigen Kurorten. Dabei wird die Sole durch eine hoch gelegene Rinnenleitung über lange Reiserwände geführt, die zwischen Balkengerüsten, den sogenannten Gradierwerken, aufgebaut sind. Dorngradierung nennt man das. Die mit zerstäubten Soletröpfchen beladene Luft in der Nähe von solchen Werken kann sich günstig auf den Verlauf von Krankheiten der Atmungsorgane auswirken.
Den staatlichen Betreibern der Rothenfelder Gradierwerke ging allerdings im Jahr 1872 die Luft aus. Sie verkauften die unrentable Saline, und Bad Rothenfelde entwickelte sich in der Folgezeit zu einem florierenden Badeort, was er bis heute geblieben ist.

Maßstab 1 : 150 000 0 1 2 3 4 5 km

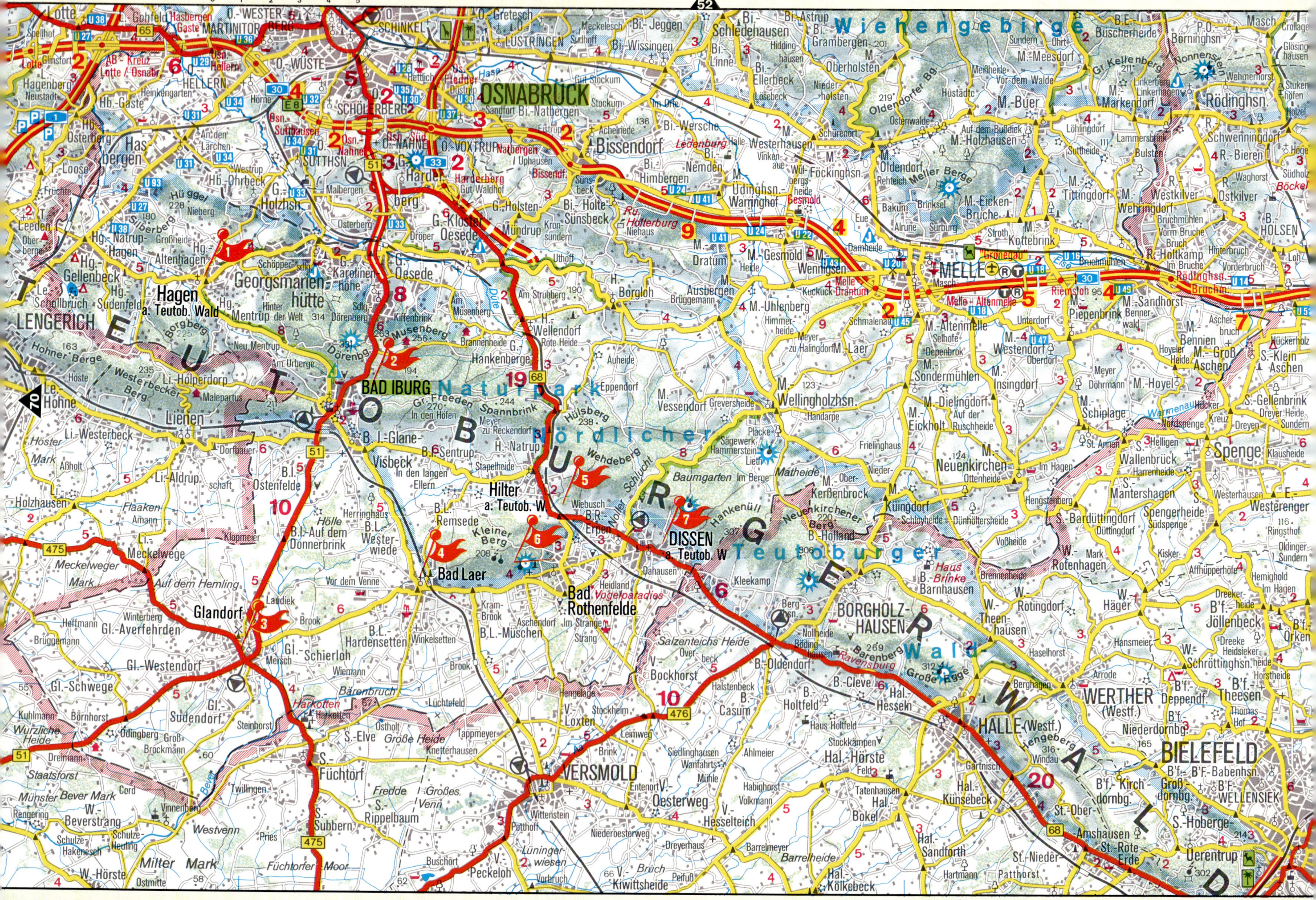

Wo gibt es was?

Fähnchennummer = Textnummer   ⓘ = Auskunft

Hagen ①

Die Gemeinde Hagen am Teutoburger Wald ist staatlich anerkannter Luftkurort, zu dessen Sehenswürdigkeiten die ehemalige Kirche St. Martin (16. und 19. Jh.; Kulturzentrum mit Konzerten und Ausstellungen) gehört. Außerdem gibt es eine Reihe sehr gut erhaltener Bauernhäuser.
Hallen- und Freibad, 35 Kilometer Rundwanderwege, Bootsfahrten auf dem Erikasee, Reithallen, Trimm- und Waldlehrpfad, schließlich Segelmöglichkeiten auf dem Teutoburger-Wald-See. Die Hagener Kirmes ist am ersten Wochenende im Oktober; sie ist verbunden mit dem traditionellen Hagener Viehmarkt.
ⓘ Gemeindeverwaltung, Schulstraße 7, 4506 Hagen am Teutoburger Wald.

Bad Iburg ②

Bereits in vorgeschichtlicher Zeit strategisch genutzter Ort. Bischof Benno II. baute die Burg zur Residenz der Osnabrücker Bischöfe und zu einer starken Festung aus. 1080 stiftete Benno das Benediktinerkloster, das im Mittelalter eines der bedeutendsten der Region wurde. Der Umbau der Burg zum Schloß im 16. und 17. Jh. bestimmt bis heute das Erscheinungsbild; sehenswert sind vor allem der Benno-Turm als ältester Teil (um 1100) und der Rittersaal (17. Jh.). Die ehemalige Klosterkirche wurde häufig umgebaut (11.–16. Jh.), die Klostergebäude im 18. Jh. errichtet. Der historische Gografenhof (19. Jh.) dient heute als Rathaus, das Jagdschloß Freudenthal (1595) beherbergt ein Restaurant.
Sehr beliebt ist der Märchenzoo, und unbedingt ansehen sollte man sich das Uhrenmuseum (täglich geöffnet) und das Töpfereimuseum im Schloß (mittwochs bis sonntags geöffnet). Es gibt einen Fahrradverleih, Rudermöglichkeiten auf dem Charlottensee, ein Reitsportzentrum mit Halle und Platz, Tennisanlagen, zwei Hallenbäder und ein temperiertes Freibad. Besondere Veranstaltungen sind am Ostersonntag das Osterfeuer, das Schützenfest am ersten Wochenende im August und die Kirmes am vierten Wochenende im August.
ⓘ Kurverwaltung, Gografenhof 4, 4505 Bad Iburg.

Glandorf ③

In der Gemeinde Glandorf sind die Windmühle, ein Gallerieholländer von 1830, das Naturschutzgebiet Vienenpool und die Riesenfindlinge David und Goliath sehenswert.
Hallen-Gartenbad. Kirmes im Mai, August und September; Weihnachtsmarkt im Dezember.
ⓘ Gemeindeverwaltung, Kattenvenner Straße 1, 4519 Glandorf.

Bad Laer ④

Das staatlich anerkannte Soleheilbad (seit 1975) wurde bereits 851 erwähnt. Sehenswert sind der um 1050 erbaute romanische ›griese Toam‹ und die naturgeschützte Linde im Ortsteil *Hardensetten*. Das Heimatmuseum im Kurmittelhaus erinnert unter anderem an die frühere Leinenherstellung im Ort (im Aufbau; täglich geöffnet).
Wildgehege in Hardensetten (Reh- und Damwild) und in *Winkelsetten* (Damwild). Man kann angeln (Karpfen und Forellen), radwandern (Fahrradverleih), Kreativ-Kurse besuchen (Makramee, Porzellan-, Seiden- und Glasmalerei, Rupfenpuppen), schwimmen (zwei Hallenbäder und ein temperiertes Freibad), reiten (Reiterhöfe in Hardensetten und Winkelsetten) und vor allem auch auf gut ausgeschilderten Wanderwegen wandern.
Osterfeuer am Ostersonntag, Bürgerschützenfest am zweiten Wochenende im Juli, ›Fest der 1000 Fackeln‹ am ersten Samstag im August und ›Burwinne‹ (Kirmes) am ersten Mittwoch im Oktober.
ⓘ Kurverwaltung, Remseder Straße 1, 4518 Bad Laer.

Hilter ⑤

In der Gemeinde Hilter am Teutoburger Wald gibt es einen Tiergarten mit Schwarz- und Damwild (täglich geöffnet) und auch viele gute Wandermöglichkeiten.
Eine der beliebtesten Veranstaltungen ist das sogenannte Borgloher Bergrennen; es handelt sich dabei um eine internationale Motorsport-Veranstaltung des Osnabrücker ADAC am zweiten Sonntag im August.
ⓘ Gemeindeverwaltung, Osnabrücker Straße 1, 4517 Hilter am Teutoburger Wald.

Bad Rothenfelde ⑥

Die Geschichte Bad Rothenfeldes begann 1724 mit der Entdeckung der Salzquelle. Der Osnabrücker Fürstbischof Ernst August II. erkannte die finanziellen Ertragsmöglichkeiten und ließ eine Saline zur Salzgewinnung einrichten, die sich bald als sehr ertragreich erwies. Die 1777 und 1824 errichteten Gradierwerke dienten ursprünglich nur zur Anreicherung der Sole; beim Herabtropfen verdunstete ein Teil des Wassers schon vor dem Sieden. Erst später erkannte man die heilende Wirkung der salzhaltigen Luft. 1850 begann der Badebetrieb, 1872 wurde die Salzgewinnung eingestellt. Bad Rothenfelde entwickelte sich in der Folge zu einem der bedeutendsten Solebäder Deutschlands.
Das staatlich anerkannte Heilbad bietet seinen Besuchern ein Hallen-Sole-Wellenbad, ein beheiztes Sole-Freibad, einen Salinensportpark, eine Mehrzweckhalle für Tennisspieler und Kegler und ein Bade- und Kurmittelhaus. Im Haus des Kurgastes befindet sich eine Wandelhalle (Trinkbrunnen und Konzertveranstaltungen). Bemerkenswert sind ein Kur- und Bewegungspark und Terrainkurwege.
Sehenswert sind außer dem Alten und dem Großen Gradierwerk (1777 bzw. 1824) auch der Vogelpark (täglich geöffnet März bis November) mit seinem 15 Hektar großen Freigelände und einem Tropenhaus. Im Dr.-Alfred-Bauer-Heimatmuseum werden Bad Rothenfelder Geschichte und bäuerliches Kulturgut dokumentiert (dienstag- und donnerstagnachmittags geöffnet); das Automuseum weckt mit seinen rund 40 Fahrzeugen vor allem Erinnerungen an die Motorisierung nach 1945 (täglich geöffnet).
Am Mühlenbach gibt es einen Märchenwald mit Märchengruppen, im Kurpark verkehrt der sogenannte Salzkaten-Expreß; außerdem kann man an Pony-Kutschfahrten und an Ausflügen mit Planwagen teilnehmen. Beliebte Veranstaltungen sind die ›Pfingstlaube‹ (Kirmes) zu Pfingsten, eine Musikwoche im Juni/Juli sowie ein Heimatfest am dritten Wochenende im August, und natürlich finden während der Saison täglich Kurkonzerte statt. Das Einkaufszentrum in Bad Rothenfelde ist auch sonntags geöffnet.
ⓘ Kur- und Verkehrsverein, Salinenstraße 6, 4502 Bad Rothenfelde.

Dissen ⑦

Sehenswürdigkeiten des Ferienplatzes ist die St. Mauritius-Kirche, deren Geschichte bis zu Karl dem Großen zurückverfolgt werden kann; der jetzige Bau stammt aus dem 13. Jh. Es sind auch viele schöne alte Bauernhäuser im Bereich der Stadt zu sehen. Klassizistisch ist das Rathaus.
Hallenbad und 30 Kilometer Wanderwege (Hermannsweg). Es gibt auch Tennisanlagen und einen Aussichtsturm (Steinegge). Mehrere Heimat- und Schützenfeste von Juni bis August.
ⓘ Stadtverwaltung, Große Straße 33, 4503 Dissen am Teutoburger Wald.

Zu feiern versteht man überall im Land und natürlich auch in der einzigen ›Bergstadt‹ Norddeutschlands, in Tecklenburg, das dem ganzen westlichen Teil des Teutoburger Waldes seinen Namen gab. Einer Region bis ›hinunter‹ nach Ladbergen, wo bereits das Münsterland beginnt.

Rund um Tecklenburg

△ Tecklenburg: Dicht an dicht stehen die Fachwerkhäuser in der Altstadt um die Georgskirche ▽

Die Georgskirche von Tecklenburg wurde immer wieder dem Zeitgeschmack angepaßt ▽

›Tante-Emma-Laden‹ im Puppenmuseum ▽

△ Anfang des 18. Jahrhunderts wurde der Kirchturm errichtet

Die Legge mit dem Puppenmuseum ▽

Das Gebirgsstädtchen mitten in Norddeutschland

Wer mit dem Auto nach Tecklenburg hineinfährt, wähnt sich zunächst in einem Gebirgsstädtchen viel weiter im Süden. Schmale und steile Gassen führen zum Marktplatz der Stadt, die mit ihren Türmen und Toren und dem reichen Fachwerk ohne Übertreibung als romantische Idylle bezeichnet werden kann.
Hoch darüber auf dem 180 Meter hohen Burgberg erhob sich die mächtige Burg der Tecklenburger Grafen, die im 14. Jahrhundert weit über das heutige Tecklenburger Land hinaus herrschten. Zum Siedeln im Bereich der Burg blieb nicht viel Platz. Die Ackerbürger mußten mit ihren Fachwerkhäusern eng zusammenrücken. ›Auf den Bergen hing Wonne, und aus den Tiefen dampfte Behagen‹, und ›ich kenne kaum einen schöneren Ort als Tecklenburg‹, schrieb der Maler und Schriftsteller Wilhelm von Kügelgen in seinen 1870 veröffentlichten ›Lebenserinnerungen eines alten Mannes‹.
Die Burg ist zwar längst verfallen – in ihrem Burghof finden heute sommerliche Freilichtspiele statt. Aber die kleine Bergstadt ist von unverändertem Reiz.

Hinauf zur Burgruine

Der Weg vom Marktplatz zur alten Burg führt auch heute noch durch das 1577 errichtete Tor, das Legge genannt wird. Der Name erinnert an ein altes Gewerbe im Tecklenburger Land: Im Jahr 1660 hatte Graf Mauritz hier eine Leinenprüfanstalt für das von den Bauern der Umgebung angefertigte Leinen einrichten lassen. Das Leinen wurde auf dem sogenannten Leggetisch vor den gräflichen – und später auch preußischen – Leggebeamten ausgelegt, mit einem Gütestempel versehen und damit eine Art Markenware. Die Legge – das Auslegen – hatte bis weit ins vorige Jahrhundert Bestand. Und Tecklenburger Leinen war weithin bekannt und begehrt. Sogar in Übersee.

△ Ausläufer des Teutoburger Waldes: das Tecklenburger Land

Über den Tecklenburger Marktplatz geht es an schönem Fachwerk vorbei zur Legge ▽

Dem Spaß dient die Tecklenburger Ruine heute als Freilichtbühne ▽

Halb wie früher, halb modern: Planwagenfahren bei Leeden ▽

△ Am Mühlenteich feiert Brochterbeck sein sommerliches Stadtfest

Möllers Hof in Ladbergen ▽

Wer von der Legge aus weitergeht, erreicht bald die Mauern und Wälle der Burgruine, ein Nachklang einstiger Wehrhaftigkeit und Machtdemonstration. Wehrhaft mußte sie auch sein, die Burg. Denn ihre Besitzer ließen keine Auseinandersetzung aus – notfalls auch innerhalb der Familie. So ist es kein Wunder, daß einige Tecklenburger Grafen charakterisierende Beinamen wie Nikolaus der Berüchtigte, Nikolaus der Raubgraf, Nikolaus der Böse oder auch schlicht der Tolle Cord führten.

Vor der Stadt: Haus Marck

Etwas abseits von Tecklenburg liegt Haus Marck, dessen Geschichte bis ins Jahr 1365 zurückreicht, das aber seine Blütezeit im 16. Jahrhundert erlebte, nachdem der Obrist Jürgen von Holle das Fräulein von Horne geheiratet hatte, die das Schloß mit in die Ehe brachte. Der Obrist war für sie eine gute Partie, denn er hatte in kaiserlichen Kriegsdiensten gestanden, dabei reichlich Beute gemacht und es – wie es so geht in der Welt – dadurch zu Ansehen und Vermögen gebracht. Holle ließ das Haus in ein prächtiges Renaissanceschloß verwandeln. Der Glanz war längst verblichen, das Haus wurde vom preußischen Landrat bewohnt, als dort 1831 Friedrich von Bodelschwingh geboren wurde, der Begründer der heute nach ihm benannten Anstalten von Bethel.

Unter Dampf nach Lengerich

Gelegentlich, an Sommertagen, dampft und stampft ein Eisenbahn-Veteran durch die Landschaft: die 70 Jahre alte preußische Dampflok 381772. Sie ist das Prunkstück des ›Teuto-Express‹, der Teutoburger-Wald-Eisenbahn, mit der man sich – auf 34 Kilometer langer Strecke – durch eine reizvolle Landschaft befördern lassen kann – in Wagen, versteht sich, der guten alten Holzklasse.
Die Lok 381772 ist in Lengerich beheimatet, das in der deutschen Geschichte eine viel zu wenig beachtete Rolle gespielt hat. Es ist bekannt, daß die Friedensver-

△ Auf der alten Trasse der Teutoburger-Wald-Bahn: . . .

. . . der ›Teuto-Express‹ ▽

Bunte Wiesen und schöne Wälder: die Umgebung Lengerichs ▽

△ Lengerichs Sehenswürdigkeiten: das Torhaus Römer, die Stadtkirche . . . . . . und das 4000jährige Megalithgrab ▽

Lienen besitzt noch einen schönen Weiher als Dorf-Treffpunkt ▽

handlungen, die im Jahr 1648 zum Ende des Dreißigjährigen Krieges führten, streng getrennt nach Konfessionen stattfanden. Irgendwann aber erwies es sich dann doch wohl mal als notwendig, daß sich die beiden Parteien an einem Tisch zusammensetzten. Im katholischen Münster ging das nicht. Im evangelischen Osnabrück auch nicht.
Am 11. Juli 1645 trafen sich Unterhändler der beiden Parteien im Haus Eskeldsen in Lengerich, östlich des sogenannten Römers, eines überbauten Torhauses. Es ist der Rest einer alten Festungsanlage. Niemand weiß, warum die Lengericher vom Römer sprechen.

Kirschen aus dem Grenzland
Zu den Stationen des ›Teuto-Express‹, der von Ibbenbüren über Brochterbeck, Tecklenburg und Lengerich kommt, gehört auch Lienen, ehe der ›Express‹ über die Grenze nach den niedersächsischen Bädern Iburg und Laer dampft. Im Norden des alten Grenzortes Lienen liegt – eine Besonderheit in dieser Gegend – das ›Kirschenland‹ Holperdorp. Zur Zeit der Kirschblüte ein weißes Blütenmeer.

Ladbergens vergessene Armut
Die Geschichte von Lienen wurde – ebenso wie die von Ladbergen – von der Armut geprägt. Der karge Sandboden konnte die Bauern des Landes nicht zu Wohlstand kommen lassen. Wenn die Bauern von Ladbergen zum Beispiel so vor 200 Jahren ihre eigene Saat in den Boden eingebracht hatten, verdingten sie sich zu Hunderten in Holland, um dort als Torfstecher und Grasmäher ein bißchen Geld zu verdienen. Zur Erntezeit waren sie dann wieder zu Hause.
In vorigen Jahrhunderten wanderten viele Ladbergener und auch Männer und Frauen aus Lienen nach Nordamerika und später nach Brasilien aus. New Knoxville in Ohio hieß zunächst Neu-Ladbergen. Und noch heute kommen Bürger von dort alljährlich in die Heimat ihrer Vorfahren, die sich freilich tüchtig verändert hat – zu ihrem Vorteil.

Maßstab 1 : 100 000

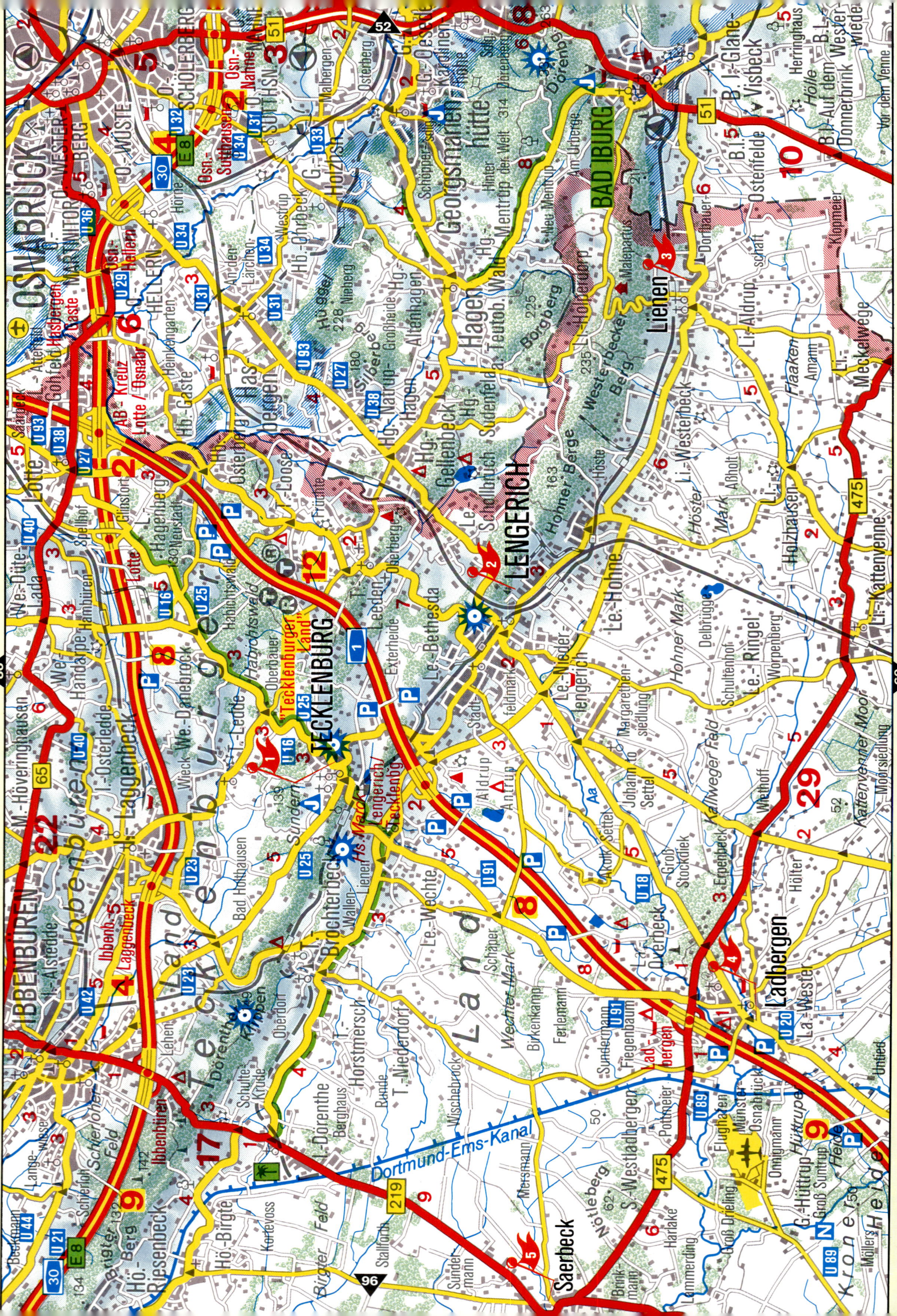

Wo gibt es was?

Fähnchennummer = Textnummer ℹ = Auskunft

Tecklenburg ①

Das Bergstädtchen Tecklenburg, heute Luftkurort, war (ab etwa 1100) für 600 Jahre Residenz (Stadtrecht 1388) der Grafen von Tecklenburg, deren Einflußgebiet im Mittelalter weit ins Oldenburgische hineinreichte. Die gräfliche Burg, einzige Höhenburg des münsterländisch-osnabrückschen Bereiches, wurde im 18. Jh. dem Verfall preisgegeben. Auch als Ruine, in der sich eine Freilichtbühne mit 3000 Sitzplätzen befindet, ist sie sehenswert wie auch die Bastion der Burg mit ihren unterirdischen Gewölben (Führungen), die Legge (Tor und ehemalige gräfliche Leinenprüfanstalt) von 1577, in der sich ein Puppenmuseum befindet (täglich außer montags geöffnet April bis Oktober), und die St. Georgs-Kirche (16. und 18. Jh.).
Das Kreisheimatmuseum zeigt unter anderem bürgerliche und bäuerliche Wohnkultur sowie landwirtschaftliche und handwerkliche Technik (täglich außer montags geöffnet Mai bis Oktober, sonst nur sonntags). Malerisches Stadtbild mit eng beieinanderstehenden Fachwerkhäusern.
Außerhalb des Stadtgebietes die Wasserburg *Haus Marck* (16. und 18. Jh.; Privatbesitz, Schloßkonzerte im Rittersaal) und die ›Motte‹, vermutlich die Urburg der Tecklenburger am Westhang des 149 Meter hohen Proll in der Nähe von Gut Wondahl.
An der südlichen Umgehungsstraße ›Am Weingarten‹ befindet sich – gegenüber der Einfahrt zum »Hotel Burggraf« – die sogenannte Hexenküche. Das ist ein Sandsteinfelsen mit einer Vertiefung, der Sage nach die Pferdefußspur des Teufels. Er ließ sie dort zurück, als er mit Schwung und Schwefelgestank in die Lüfte entwich, nachdem ihm eine fromme Tecklenburger Gräfin mit dem Kreuz in der Hand entgegengetreten war, um ihren durch Hexerei erkrankten Mann zu retten.
In *Brochterbeck* befinden sich noch interessante Bauernhäuser in Fachwerkbauweise. Die Brochterbecker Berge sind ein beliebtes Wanderrevier. Der südlich des Ortes gelegene Kalkhöhenzug birgt Fossilien (unter anderem Muschelabdrücke und Seeigel) aus der Kreidezeit.
Das Kirchdorf *Ledde* mit seinen Fachwerkhäusern und der alten Dorfkirche aus der Zeit um 1200 liegt malerisch in einem Tal und ist von Tecklenburg aus auf einem sehr schönen Waldspaziergang zu erreichen. Um die Jahrhundertwende war Ledde ein beliebtes Schwefelbad. Der Badebetrieb lohnte sich dann aber nicht mehr und wurde 1908 eingestellt.
Urzelle des Ortes *Leeden* war ein 1240 gegründetes Zisterzienserinnen-Kloster, das aber 1538 in ein adeliges Damenstift umgewandelt und 1812 aufgelöst wurde. Die nach 1945 wiederaufgebaute Stiftskirche ist ein ursprünglich spätromanischer Bau.
Im Habichtswald wurde um 1900 eine uralte Umwallung entdeckt, die Vermutungen darüber auslöste, ob 9 n. Chr. die Schlacht im Teutoburger Walde an dieser Stelle stattgefunden haben könnte, zumindest aber in unmittelbarer Nachbarschaft. Man meinte, es hier mit einem Römerlager zu tun zu haben. Damit war es aber dann doch nichts. Dafür wurden vor einigen Jahren Reste einer mittelalterlichen Töpferei ausgegraben.
Angeln im Königsee und im Ledder Forellensee, Radfahren (Fahrradverleih), Schwimmen (Waldschwimmbad Tecklenburg), Golf (9-Loch-Anlage), Tennis (Tecklenburg, Brochterbeck und Leeden). Es werden vielerlei Veranstaltungen um das Schachbrett (unter anderem Kurse und Wettbewerbe) und Heilkräuter-Seminare angeboten. Die Freilichtspielzeit dauert von Mitte Mai bis Anfang September. Kutsch- und Planwagenfahrten werden veranstaltet. In Leeden besteht die Möglichkeit zu reiten. Ein empfehlenswertes Restaurant im »Hotel Burggraf« (feine Küche).
ℹ Verkehrsverein Luftkurort Tecklenburg, Markt 7, 4542 Tecklenburg.

Lengerich ②

Zu den wichtigsten Sehenswürdigkeiten der 600jährigen Stadt Lengerich (Stadtrecht 1727) gehören die Stadtkirche (13. bis 16. Jh.), eine der größten des Mittelalters im Kreis Steinfurt, das Torhaus Römer (um 1500 und 18. Jh.) und – bereits außerhalb des Ortes – ein etwa 4000 Jahre altes Megalithgrab.
Hallen- und Freibad, Reithalle, gekennzeichnete Wanderwege (der Heimatverein veranstaltet geführte Wanderungen) und Badeseen mit vielerlei Wassersportmöglichkeiten (außer Motorbootsport).
Über Lengerich fährt auch der ›Teuto-Express‹, ein Museums-Sonderzug des Fremdenverkehrsverbandes Tecklenburger Land, der sommers unregelmäßig zwischen Ibbenbüren und Bad Laer verkehrt.
ℹ Stadtverwaltung, Rathausplatz 1, 4540 Lengerich.

Lienen ③

Fachwerkromantik bietet auch der schon 1088 genannte Erholungsort Lienen. Die umliegende Landschaft wird geprägt von den Höhen des Teutoburger Waldes wie auch von der münsterländischen Parklandschaft. Zu den Sehenswürdigkeiten des Ortes gehören die Dorfkirche (12. und 18./19. Jh.), vermutlich eine der Urkirchen des Landes, das Hohe Haus östlich der Kirche (18. Jh.) und einige sehr bemerkenswerte Fachwerk-Bauernhäuser.
In der alten Bauerschaft *Dorfbauer* sind einige bronzezeitliche Hügelgräber zu sehen. Außerhalb des Ortes sollte man sich das *Gut Hohenfelde* ansehen, das ein im klassizistischen Stil erbautes Herrenhaus (1824, Privatbesitz) ist. In den ersten Jahrzehnten unseres Jahrhunderts wurde es von dem Baron Ernst von Wedel bewohnt, der als ›Schelm von Lienen‹ in die Ortsgeschichte einging.
Hallenbad, Reithalle, Reiterhöfe und Reitwege, Kutsch- und Busfahrten sowie geführte Wanderungen.
Anfang Mai lohnt sich ein Besuch in Lienen wegen der *Holperdorper* Kirschblüte.
ℹ Fremdenverkehrsamt, Hauptstraße 14, 4543 Lienen.

Ladbergen ④

Das weit über 1000 Jahre alte Ladbergen, das heute als ein beliebter Wohnvorort von Münster gilt, empfiehlt sich als Standort für Feriengäste, die geruhsam angeln (Waldsee) wollen oder sich den Dortmund-Ems-Kanal für ihren Wassersport ausgesucht haben. Im Erholungsgebiet Waldsee ein Freibad.
Zu den Sehenswürdigkeiten von Ladbergen gehören die Dorfkirche (1856), Fachwerkhäuuser und das Heimatmuseum in der Lönsheide (täglich geöffnet), in dem Bilder von dem ›Mond-Menschen‹ Neil Armstrong gezeigt werden, dessen Urgroßvater Friedrich Kötter Ladbergener war.
1899 wurde der 269 Kilometer lange *Dortmund-Ems-Kanal* eröffnet, der das Dortmunder Industriegebiet über die Ems mit dem Meer verbindet. Er brachte auch Ladbergen Standortvorteile, die zu Industrieansiedlung führten. Dazu kamen noch die Autobahn A 1 und der nahe Flughafen Münster-Osnabrück.
ℹ Gemeindeverwaltung, Alte Schulstraße 1, 4544 Ladbergen.

Saerbeck ⑤

Zu den Sehenswürdigkeiten im fast 1000 Jahre alten Saerbeck gehören die Holländer-Windmühle Eilers (1867), eine 200 Jahre alte Eiche und ein 25 Hektar großes Wildfreigehege.
Reithalle, Tennisplätze und Badesee.
ℹ Gemeindeverwaltung, Emsdettener Straße 1, 4401 Saerbeck.

Im Land der Tüötten

Traditionen sind hier noch gang und gäbe – und das nicht nur rund um Ibbenbüren, wo noch manchmal die Zwiebelwurst mit der Hand gestopft wird (Foto: Freizeithof). Überall trifft man auch auf die Spuren der Tüötten, auf die Hinterlassenschaften und Wege der wandernden Händler, die einst von hier aus ›in alle Welt‹ unterwegs waren.

△ Im Ibbenbürener Freizeithof Bögel-Windmeyer wird hin und wieder noch altes Handwerk gepflegt

△ Mit Programm für jeden: der Freizeithof

△ Freizeithof: Geselligkeit am Feuer und im Café ▽

Stellmacherei, ein fast ausgestorbenes Handwerk, in Ibbenbüren wird es noch betrieben ▽

Anläßlich einer Hochzeit kommen die alten Trachten wieder zu Ehren ▽

Ibbenbürener Hahnenjagd für jung und alt

Gelegentlich gibt es das noch, daß sich junge Leute an die alten Sitten und Gebräuche erinnern und nun ihrerseits daran anknüpfen – vor allem wenn es sich um einen Spaß handelt. Dazu gehört die Hahnenjagd nach der Hochzeit, die vor noch gar nicht langer Zeit in Ibbenbüren gang und gäbe war.
Da wurde das junge Paar am Tage nach der Hochzeit von Freunden, Bekannten und vor allem von den neuen Nachbarn besucht, und die junge Frau gab einen Hahn zur Jagd frei. Der Hahn flitzte ab; denn für ihn ging es um Leben und Tod. Und hinter ihm her stürmte alles, was sich noch jung genug für eine solche Jagerei fühlte, die über Gräben, Zäune und Hecken ging.
Das Ende einer solchen Jagd stand natürlich fest. Der Hahn war der Übermacht nicht gewachsen, sein Schicksal besiegelt. Er wurde der frischgebackenen Ehefrau übergeben, und die mußte ihn eigenhändig schlachten, rupfen und zubereiten, wobei sie gleich eine Probe ihres häuslichen Könnens ablegen konnte. Anschließend wurde der Hahn von allen Beteiligten in fröhlicher Runde verspeist, und dazu gab es ordentlich zu trinken.

Etwas Besonderes: Herdfeuer

Die Leute im Tecklenburger Land haben sich ein gutes Verhältnis zur Vergangenheit bewahrt. Altes Brauchtum kommt – vor allem bei Hochzeiten – ebenso zu Ehren wie altes Handwerk. Schon sieht man sie wieder vor dem offenen Herdfeuer – heute meistens eher einem Kaminfeuer – am Spinnrad sitzen. Und wenn dabei auch mancher sehr gegenwartsbezogene Klatsch blüht, was ja nichts Schlimmes ist, so findet sich doch auch immer mal jemand, der von früher erzählt. Das Herdfeuer hat übrigens im Volksbrauchtum eine bedeutende Rolle gespielt. Im alten bäuerlichen Recht zum

Bald 60 Jahre Vergnügen: Sommerrodelbahn in Ibbenbühren

△ Ibbenbürener Freizeitpark: Märchenpark . . . . . . und Automuseum ▽

△ Große Fahrt: Modellschiffe auf dem Ibbenbürener Aasee

△ Vor 75 Jahren als Bauerngarten begonnen: Botanischer Garten Loismann

△ Das ›Hockende Weib‹ der Dörenther Klippen: Alpines im Tecklenburger Land

Der Aasee ist für die Freizeit da ▽

Beispiel waren Hausverkäufe erst dann rechtsgültig, wenn der alte Besitzer das Herdfeuer gelöscht und der neue es wieder entfacht hatte, nachdem von ihm zuvor feierlich die Grenzen des frisch erworbenen Gutes umschritten worden waren.

Lebendig: die Nachbarschaftshilfe

Noch heute ist es hier und da üblich, daß in einem neuen Haus – vor dem Einzug der Besitzer – von den Nachbarn, die nicht selten beim Bau des Hauses mit zugepackt haben, das ›Herdfeuer‹ angezündet wird. Die Nachbarschaftshilfe spielt nach wie vor im Tecklenburger Land eine ganz große Rolle, vor allem bei wichtigen Familienereignissen – von der Taufe bis zum Todesfall.

Weit verbreitet in der Gegend ist der Fastnachtsbrauch, der nur in zweiter Linie etwas mit dem Karneval zu tun hat. Fastnachten, das sind Nachbarschaften, die – nach sehr strengen Statuten – bei Todesfällen aktiv werden.

Während der Karnevalszeit treffen sich dann alle an einem bestimmten Tag, nachmittags die Frauen bei Kaffee und Kuchen. Um 19 Uhr kommen die Männer. Der Kuchen ist natürlich ein Butterkuchen mit Butter, Zucker und Streusel.

Tecklenburgs alpine Ecke

Wer bei einer Reise durchs Tecklenburger Land durch das Gebiet um Ibbenbüren kommt, dem kann es wohl passieren, daß er unvermittelt meint, er sei im Hochgebirge: Denn vor sich sieht er einen durchaus alpinen Felsen, in dem eine Seilschaft Bergsteiger hängt, die sich langsam noch oben müht. Das ist aber keine Fata Morgana. Das sind Kletterer am ›Hockenden Weib‹ in den Dörenther Klippen.

Niemand vermag zu sagen, woher der scharfkantig und steil aufragende Fels diesen Namen hat. Die Sage spricht von einer Mutter, die während einer großen Flut um das Leben ihrer Kinder bat und daraufhin in einen Fels verwandelt wurde, auf dem sich die Kinder in Sicherheit bringen konnten. Immerhin gehört schon

△ Die Surenburg bei Riesenbeck, eines der schönen münsterländischen Wasserschlösser

Bevergerns kleines Heimatmuseum ▽

Riesenbeck: Brunnen mit der Reinhildis-Geschichte ▽

400 Jahre alt: die Madonna in Bevergerns Kirche ▽

Bei Bevergern teilt der Dortmund-Ems-Kanal die flache Landschaft ▽

Bei Halverde steht die alte Korn- und Ölmühle ▽

reichlich Phantasie dazu, um sich die Umrisse einer hockenden Frau vorzustellen. Aber der Name ist da und die Existenz des Felsens inmitten der ansonsten doch recht sanften Landschaft ringsum unbestritten.

Ein Park des Vergnügens

Es kommen aber nicht nur Kletterer in diesem Land auf ihre Kosten, sondern auch Rodler – und das rund ums Jahr. Bei Ibbenbüren befindet sich ein Vergnügungspark – der älteste dieser Art in Deutschland. Er wurde bereits im Jahr 1926 eröffnet. Attraktion ist eine 100 Meter lange Sommerrodelbahn mit einem Höhenunterschied von 20 Meter.

In unmittelbarer Nachbarschaft zu diesem Vergnügungspark gibt es ein Automuseum, in dem die Geschichte des Automobils erzählt wird – anhand alter Modelle wie dem kleinen De Dion Bouton von 1903, dem Hanomag ›Kommißbrot‹ oder dem Wanderer ›Puppchen‹.

Der eine oder andere Besucher hat vielleicht noch einen persönlichen Bezug zu diesen alten Autos – manche ›Autokarriere‹ begann ja im ›Kommißbrot‹ der zwanziger Jahre. Dagegen ist es zumeist die pure Freude an alter Technik, die zu einer Visite im Treckermuseum von Westerkappeln führt, das auch anderes bäuerliches Gerät zeigt. Doch soll es auch hin und wieder einen Landmann geben, der mit feuchten Augen von einem gleichaltrigen Lanz ›Bulldog‹ steht.

Die wandernden Händler

Zu den besonders schönen Orten des Landes gehört Hopsten, dessen hohe Hauskultur freilich nicht von ungefähr kommt. Hopsten entwickelte sich nämlich im 17. und 18. Jahrhundert zu einem Wanderhändlerdorf, wie im übrigen auch Mettingen, von dem noch die Rede sein wird.

Die wandernden Händler wurden ›Tüötten‹ genannt. Ihr Wahlspruch lautete: ›Mein Feld ist die Welt; buten und binnen, wugen en winnen.‹ Draußen und drinnen, wagen und gewinnen. Auf die Idee hatten die Holländer sie

△ Das ›Heilige Meer‹ ist heute Naturschutzgebiet

Haus Nieland in Hopsten ▽

△ Hopstener Schützenfest: An der Kirche beginnt es

△ Bildstock auf dem Hopstener Dorfplatz

△ Hopstens Georgskirche

Lottes ›Sloopsteene‹ ▽

gebracht. Das Land war arm, die Äcker unfruchtbar, und es reichte man gerade, um Flachs und Hanf anzubauen, die Rohstoffe für die Herstellung von Leinen. Und um sich nun ein bißchen Geld zu verdienen, zogen die Männer, sobald sie auf den Äkkern nicht gebraucht wurden, nach Holland, wo sie sich als Grasmäher, Torfstecher und Handwerker nützlich machten. Die einstigen Wege der Hollandgänger und ihrer Nachfolger, der Tüötten, sind heute beliebte Wanderwege.

Händlerwagen war der Rucksack

Den Holländern jedenfalls fiel auf, daß ihre Hilfsarbeiter aus dem fernen Westfälischen eine aus Leinen und Wullaken bestehende besonders haltbare Kleidung trugen. Sie sagten: ›Bringt uns doch auch mal solche Kleider mit.‹ Und das taten die aus Hopsten, aus Mettingen und aus Recke.
Dieser Handel entwickelte sich so gut, daß sie eines Tages nicht mehr zum Grasmähen und Torfstechen nach Holland zu ziehen brauchten, sondern nur noch mit ihrem ›Rippert‹ kamen, wie der Rucksack in der Geheimsprache der Tüötten hieß, der bis zu 40 Kilogramm faßte. Schließlich traf man die Tüötten überall zwischen Flandern und dem Baltikum. Dreiviertel des Jahres waren sie unterwegs. Im Sommer und zu Weihnachten kehrten sie heim – meist mit gutem Gewinn in der Tasche.

Sie hatte eine eigene Sprache

Wenn sie aber draußen waren in der Fremde, und sie trafen einander in den Gasthäusern, dann bedienten sie sich gern einer Geheimsprache. Denn oftmals galt es, die vielen Zölle, die überall am Wege zu zahlen waren, möglichst zu vermeiden. Wer einen Trick wußte, der gab ihn an seinen Kollegen weiter; denn die Tüötten hielten zusammen wie Pech und Schwefel. Und einer sagte in solchen Fällen zum anderen: ›Quäss humpisch!‹ Denn die am Nebentisch spitzten schon die Ohren. Sprich die Geheim-

△ Reckes romanische Dorfkirche

△ Mettingen: Hinter dem prächtigen Fachwerk des Tüötten-Museums . . .

. . . sind Leinenweber-Utensilien zu betrachten ▽

△ In Reckes Dorfkirche: Über 700 Jahre dient schon diese Steintaufe

△ Der Beginn landwirtschaftlicher Motorisierung im Treckermuseum von Westerkappeln▽

sprache! Worauf folgendes geschah: In'n Tispel bie'n fietsen Butt wöt de Rödel bequässt. In der Kneipe bei einem guten Essen wurde der Handel besprochen.
Das Gebetbuch hieß Nosterplügge, der Zylinderhut Tiemes, der Schlafrock Feikedos. Und wenn alles bequässt war, ging man zufrieden in den Külter. Ins Bett. Und da lag dann so ein Tüötte unter den dicken Federn, faltete seine Hände zum Gebet und sprach: ›Häär, hier lig een Häupken möe Knuoken, Häär, sienge se.‹ Herr, hier liegt ein Häuflein müder Knochen, Herr, segne sie. Mit ihrem Herrgott wollten es die Tüötten nicht verderben.

Anfang großer Textilhäuser

Als gegen Ende des vorigen Jahrhunderts die Baumwolle überall im Lande das Leinen verdrängte, ging es mit den guten Geschäften der Tüötten zurück – schon die napoleonische Handelsblockade hatten einen schweren Einbruch gebracht. Aber viele von ihnen hatten die Zeichen der Zeit längst erkannt und Textilgeschäfte gegründet – überall, wo sie bis dahin als Hausierer tätig gewesen waren. Noch heute findet man viele Namen dieser Region an holländischen Textilgeschäften, aber auch an Textilhäusern in Deutschland.
Sichtbarer Ausdruck jener goldenen Zeiten sind die von einstigem Wohlstand und Geschmack kündenden Häuser in den drei Orten. Und über die Wohnkultur jener Jahre berichtet das Tüötten-Museum in Mettingen.

Pumpernickel und Schinken

Die Mettinger freilich und auch Josef Glaßmeyer aus Laggenbeck, der die dortige Volkstanzgruppe zu internationalem Ansehen gebracht hat, wissen Mettingen noch aus anderem Grund zu rühmen: Von daher kommt ›dat beste Pumpernickl im ganzen Land‹. Und das will viel heißen in einer Gegend, wo Pumpernickel, von Voltaire abfällig als ›ein gewisser harter, schwarzer, klebriger Stein‹ bezeichnet, über alles geschätzt wird.

△ Ein gemütliches Ballonfahrer-Klubheim: Fachwerkhäuschen in Mettingen

△ Sorgfältig wird über die schon ausgebreitete Ballonhülle das Netz gezogen, ehe sich der Ballon mit Gas füllt ▽

△ Letzte Absprachen . . . . . . vor dem Start ▽

Gemeinsam wird die Verbindung zwischen Ballon mit Netz und dem Korb hergestellt ▽

Los geht die Reise mit dem Wind

Und wer an Pumpernickel denkt, dem schweifen auch gleich die Gedanken ab zum nächsten Schlachtfest, mit Mettwürsten und Leberwürsten, Blutwürsten und vor allem Wöstebrot. Das ist eine Mischung aus Roggenschrot, Blut, allerlei Resten und etwas Gewürz. Dazu wird Apfelmus gegessen. ›Dat is nich die schlechteste Mahlzeit!‹ nach Josef Glaßmeyer. Und das ist der höchste Grad des Entzückens, in den ein richtiger Westfale geraten kann.
Die Rauchwürste aber, die Mettwürste, werden zu den Schinken in den westfälischen Himmel gehängt, in den Rauch, wo sie jene Vollkommenheit erreichen, die es dem Westfalen so schwer macht, in die Ferne zu ziehen, weil er dort nur unter günstigsten Umständen an eine solche Rauchwurst herankommt.

Am besten in die Luft gehen

In einer solchen Welt der Genießer gedeihen die besonderen Freizeitvergnügen – das Klettern in den Sandsteinklippen, die Suche nach Knollen und Kristallen aus der Kreidezeit, der Bummel durch Loismanns Garten mit seinen exotischen Pflanzen und kleinen Teichen, in denen gelegentlich ein Fischreiher seine Mahlzeit zusammenstellt. Und dann kann man natürlich auch in die Luft gehen. Mit einem Freiballon.
Der Ballonclub Teuto hat in Ibbenbüren-Uffeln ein Zentrum des internationalen Ballonsports geschaffen. Uffeln ist dadurch zu einem Begriff für Ballonfahrer aus aller Welt geworden. Sie geben sich dort ein Stelldichein, und an manchen schönen Tagen gehen von dem Startplatz in Uffeln aus viele Ballons auf die Reise – ein eindrucksvolles Bild für all jene, die unten bleiben und sich fürs Zugucken entschieden haben.
Manch einer gestaltet es sich aber auch zum Abenteuer, indem er die Möglichkeit nutzt und zu dem Ballonschiffer in den Korb steigt, um sich das Tecklenburger Land einmal von oben anzusehen.

Maßstab 1 : 100 000

Wo gibt es was?

Fähnchennummer = Textnummer ❶ = Auskunft

Hopsten ①

Das über 700 Jahre alte Dorf verdankt sein heutiges freundliches und Wohlstand dokumentierendes Erscheinungsbild der Vergangenheit als Ort der Leinenhändler (›Höpsters‹). Besonders schön ist der Marktplatz mit einigen eindrucksvollen Bürgerhäusern aus dem 18. und 19. Jh., der in gotischem Stil errichteten St. Georgs-Kirche (um 1735 und 1867; innen barock) und einem barocken Doppelbildstock von 1766. Sehenswert ist das *Haus Nieland*, das in den ersten Jahrzehnten unseres Jahrhunderts in enger Beziehung zur deutschen Literatur stand: Der Schriftsteller Joseph Winckler (›Der tolle Bomberg‹) gründete 1912 den ›Bund der Werkleute auf Haus Nyland‹.
Für Naturfreunde besonders interessant ist das 68 Hektar große ›Naturschutzgebiet Heiliges Meer‹, in dem sich eine Biologische Station des Landschaftsverbandes Westfalen-Lippe befindet. In der Sage entstand das ›Meer‹, nachdem ein Kloster wegen des unchristlichen Lebenswandels der Mönche unter Blitz und Donner in der Erde versunken war. Die wissenschaftliche Erklärung liegt ›tiefer‹: Durch Auswaschungen entstandene Höhlen in Salz- und Gipsschichten in 100 Meter Tiefe stürzten ein (zuletzt 1913).
Sport- und Reithalle und viele Rad- und Fußwanderwege.
❶ Gemeindeverwaltung, Bunte Straße 35, 4447 Hopsten.

Hörstel ②

Die 1260 erstmals genannte Gemeinde ist vor allem durch das *Kloster Gravenhorst* bekannt, in dem die Zeit bei seiner Auflösung 1808 stehengeblieben zu sein scheint. Das Kloster war 1256 als Zisterzienserinnen-Kloster gegründet worden. Schön die gotische ehemalige Klosterkirche St. Bernhard (13. und 17. Jh.), bei der die Bauregeln der Zisterzienser streng beachtet wurden.
Zu empfehlen ist auch ein Spaziergang durch die Altstadt des 850jährigen *Bevergern* mit ihren alten Bürgerhäusern rund um die spätgotische Pfarrkirche (15.–17. Jh.); das Heimathaus ist im Sommer an allen Sonn- und Feiertagen geöffnet.
Im Ortsteil *Riesenbeck* sollte man sich den Reinhildis-Brunnen (1912) ansehen, aber auch das *Wasserschloß Surenburg* (15. und 19. Jh.; Privatbesitz) des Freiherrn von Heereman, das zu den bedeutendsten Wasserschlössern im nördlichen Münsterland gehört (Schloßkonzerte). Empfehlenswert ist das »Hotel Schloß Surenburg« (feine Küche). Bademöglichkeiten im *Herthasee* und Hallenbad, Reitmöglichkeiten und gut ausgeschilderte Wanderwege, Fahrradverleih.
❶ Stadtverwaltung, Kalixtusstraße 6, 4441 Riesenbeck.

Ibbenbüren ③

Ibbenbüren wurde zum erstenmal 1146 erwähnt. Doch es wird angenommen, daß die Geschichte der Kirche bis ins 9. Jh. zurückreicht, daß der Ort Mittelpunkt eines Missionsbezirks war. Die Stadt (Stadtrecht erst 1721), die häufig ihre Herrschaft wechselte und zunächst ein Handelsplatz war, entwickelte sich im 16. und 17. Jh. durch das Vorkommen von Kohle, Kalk, Erz und Sandstein zu einem florierenden Industrieort. 1660 wurde auch hier eine Legge (Leinenprüfanstalt) eingerichtet.
Zu den wichtigsten Sehenswürdigkeiten der Stadt gehört die evangelische Kirche am Unteren Markt; sie ist der letzte Kirchenneubau des Mittelalters im Münsterland (1535 vollendet). Außerdem mehrere Bürgerhäuser aus dem 18. und 19. Jh. (viele Häuser wurden während des Zweiten Weltkrieges zerstört, denn Ibbenbüren wurde heftig umkämpft) und alte Fachwerkbauernhäuser im Umfeld der Stadt. Eine Besonderheit ist der Freizeithof Bögel-Windmeyer mit einem umfangreichen Freizeitangebot vom Heimattheater über Kaffeeklatsch bis zum Tennismatch (Freizeitbereich Aasee). Das Haupthaus ist dienstags bis sonntags von 10 bis 22 Uhr geöffnet.
Beachtenswert sind die etwa 50 Meter hohen *Dörenther Klippen;* es handelt sich um Sandsteinklippen, deren markantester Punkt das ›Hockende Weib‹ ist. Der Botanische Garten Loismann bei *Dörenthe* besitzt einheimische Gewächse, seltene Nadelbäume und exotische Pflanzen (täglich geöffnet April bis Oktober). Um die Sommerrodelbahn hat sich ein vielbesuchter Freizeitpark entwickelt (täglich geöffnet Mitte April bis Mitte Oktober); das dazugehörige Automuseum erinnert an vergangene (technische) Zeiten (täglich geöffnet April bis Oktober), ebenso das Motorradmuseum in der alten Lehener Schule (samstagnachmittags und sonntags geöffnet April bis Oktober) mit rund 80 zweirädrigen Oldtimern.
Segeln, Rudern, Windsurfing, Baden und Angeln auf und im Aasee; Wasserspielplatz Aaseebad mit Wellenhallen- und Freibad; Teilnahme an Ballonfahrten, Wandern (gut ausgeschilderte Wege), Radfahren (Fahrradverleih), Teilnahme an Kletter- und Bergsteigerkursen, Reiten. Dampflokgezogene Sonderfahrten sommers zwischen Ibbenbüren–Aasee und Bad Laer. Im August/September wird in Ibbenbüren die größte Kirmes im Tecklenburger Land gefeiert. Empfehlenswert das »Teamhotel Leischulte« (Rheiner Straße 10; regionale Küche).
❶ Verkehrsverein, Rathaus, Münsterstraße 16, 4530 Ibbenbüren.

Lotte ④

Zu den Sehenswürdigkeiten der 800jährigen Gemeinde gehören die Megalithgräber ›Große Sloopsteene‹ und ›Kleine Sloopsteene‹ westlich *Wersen* und die Marienkirche aus dem 12. und 13. Jh. Reizvoll ist das Landschaftsschutzgebiet Gabelin. Wandern, Angeln, Baden, Wassersport. Bekannt ist das Erholungs- und Freizeitzentrum *Attersee.*
Am Ortsrand der Nachbargemeinde *Westerkappeln* das Treckermuseum Frehmeyer Westerkappeln (geöffnet nach Vereinbarung Telefon 04504/1785).
❶ Gemeindeverwaltung, Bahnhofstraße 36, 4531 Lotte.

Mettingen ⑤

Mettingen entwickelte sich vor 300 Jahren zu einem berühmten Leinenhändlerort. Erst im vorigen Jahrhundert – nach der durch die napoleonische Kontinentalsperre hervorgerufenen Nutzung und Einführung der Baumwolle – ging dieser Geschäftszweig zurück. Doch die Spuren der Leinenhändler (Tüötten) sind noch immer zu finden. Besuchenswert ist das Tüötten- und Heimatmuseum im »Hotel Telsemeyer« (empfehlenswerte Küche; Museum täglich außer freitags geöffnet). Sehenswert sind außerdem das Ortsbild und die im Ursprung romanische Dorfkirche (12. bis 15. Jh.). Frei- und Hallenbad, Reiten (Reitzentrum mit Halle), Angeln, Wandern (auf gut gekennzeichneten Wanderwegen durch Wald, Heide und Moor). Kirmes ist im Frühjahr und im Herbst.
❶ Gemeindeverwaltung, Burgstraße 6–8, 4532 Mettingen.

Recke ⑥

Das Bild des bereits im 9. Jh. genannten Ortes ist ebenfalls geprägt durch die Vergangenheit Reckes als Platz der Leinenhändler. In der romanischen Dorfkirche (12. und 13. Jh.) gotische Wandmalereien des 15. Jh. Moderne St. Dionysius-Kirche (1961) mit barocker Ausstattung. Angeln, Baden, Reiten, Wassersport, Wandern. Kurbetrieb herrscht im Schwefelbad *Steinbeck.*
❶ Gemeindeverwaltung, Ibbenbürener Straße, 4534 Recke.

Ausflug ins Münsterland

Eine ›Perle des Münsterlandes‹, so wird Burgsteinfurt – und seine Wasserburg – gern bezeichnet. Und das mit Recht. Zum Münsterland zählt auch noch das alte Rheine, während der Besuch von Bad Bentheim mit seinem prachtvollen Schloß schon ein Schritt ins nahe Niedersachsen, in Richtung Emsland ist.

△ Burgsteinfurt: Deutlich ist noch der Burgcharakter des Schlosses zu erkennen

Burgsteinfurts Altes Rathaus ▽

△ Schönes Fachwerk: die »Schloßmühle«

△ Bereits in die Vorburg des Schlosses geht es nur über eine Brücke

△ Freizeitparadies für Angler, Radler und Spaziergänger: … … Steinfurts Park Bagno ▽

Der Ursprung der schönen Wasserburg Burgsteinfurts

Kaum hatte Rudolf II., Edler zu Steinfurt, seiner Burg den Rücken gekehrt, um in Köln dabeizusein, wenn sein Onkel, der Reichskanzler und Erzbischof Reinald von Dassel, im Juli des Jahres 1164 mit den Reliquien der Heiligen Drei Könige seinen Einzug in der Stadt hielt, da kreuzten die Herren von Ascheberg vor der Steinfurter Burg auf und zerstörten sie. Aber die Sache ist den Aschebergern schlecht bekommen. Mit Hilfe des Kölner Erzbischofs rächte sich der Steinfurter fürchterlich. Die Burg zu Ascheberg wurde – und blieb bis heute – ein Trümmerhaufen.
Die Steinfurter Burg wurde damals wiederaufgebaut, und fast jedes Jahrhundert hat fortan seine Handschrift an dieser Wasserburg hinterlassen, die zu den Schmuckstücken des Münsterlandes gehört.

Il Bagno, in Steinfurt ein Park
Eine Besonderheit aber haben die Edlen von Steinfurt mit dem Bagno geschaffen. Das ist ein Park, der vor weit 200 Jahren in einem Wald südlich des Schlosses zwischen Burgsteinfurt und Borghorst angelegt wurde, zunächst in französischem Stil und ergänzt durch einige in chinesischem Stil nachempfundene Bauwerke.
Graf Ludwig, der von 1780 bis 1817 regierte, ließ in dem Park grandiose Wasserkünste anlegen und den französischen Garten in einen englischen Landschaftspark mit Irrgarten, Ruine und Badehaus verwandeln. Diesem Badehaus verdankt der Park seinen Namen: il bagno, das Bad. Und weithin bekannt waren die Feste, die der Graf in diesen Anlagen feiern ließ.
Das Bagno wird auch heute weithin als Stätte der Kultur und der Erholung gerühmt. Zu den besonderen Schönheiten des Parks gehört der malerische See, der zu einer gemütlichen Ruderbootspartie einlädt.

△ Überragt von Rheines Dionysiuskirche: . . . . . . schöne Fassaden am Marktplatz ▽

△ Rheine: Emspartie . . . . . . und der Hof des Falkenhofes mit seinem Brunnen ▽

Auge in Auge: im Affenwald des Tierparks ▽

Mit dem wohl höchsten Turm des Münsterlandes: Rheines Antoniuskirche ▽

Die Stadt Rheine an der Ems

Verläßt man Burgsteinfurt in nordöstlicher Richtung, so erreicht man nach kurzer Zeit die Stadt Rheine, die ihren Namen nicht dem Rhein verdankt. Der wird hier nur gelegentlich von in die Irre geleiteten amerikanischen Touristen gesucht. Der Name stammt vom einstigen Hofgut Reni, das zum erstenmal im Jahr 838 erwähnt wurde, genau am 7. Juni. Und an diesem Tag feiert Rheine alljährlich seinen Stadtgeburtstag.

Aber auch der 25. Januar 1635 wird in Rheine gern als bedeutendes Datum betrachtet – und das hängt mit dem Boten Veit und seinem Hund zusammen, denen unweit des Zentrums ein Denkmal gesetzt worden ist. Damals nämlich, 1635, war Rheine von hessischen Truppen besetzt, die sich nicht besonders nobel aufführten, obendrein die Tore streng bewachten, so daß niemand die Stadt verlassen konnte, um Hilfe zu holen.

Da kam der Bote Veit, der jahraus, jahrein mit seinem Hund den Weg zwischen Rheine und Münster gegangen war, auf die Idee, seinen Hund allein auf die Reise zu schicken. Mit einem Brief am Hals ließ man den Hund durch eine winzige Maueröffnung, und das kluge Tier eilte sofort nach Münster, wo der Brief empfangen und eine Reitereinheit ausgerüstet wurde.

Wenig später erschienen die Münsteraner vor den Toren Rheines und hatte mit den Hessen, die sich in Sicherheit glaubten, wenig Mühe.

Rheines Mall und Woll

Wer durch Rheine bummelt, der sollte durchs Rathaus schlendern, Mall genannt, das zugleich ein Einkaufszentrum ist. Und der sollte sich auch den Woll-Winkel am Marktplatz ansehen, das älteste Wohnhaus der Stadt. Im Jahr 1648 wurde es – in einer der letzten Kampfhandlungen des Dreißigjährigen Krieges – schwer beschädigt und danach wiederaufgebaut, wobei man die Kugeln, die es zerstört hatten, in die Mauer hineinsetzte.

△ 700 Jahre lang immer wieder den Erfordernissen und dem Zeitgeschmack angeglichen: das Schloß Bad Bentheim

△ Mächtig über der Stadt: Schloß Bentheim

△ Ochtrup: der barocke Garten des Hauses Welbergen

△ Der ›Herrgott von Bentheim‹

Am Ochtruper Stadtpark ▽

Ziel für Pättkes-Touren: Emsdettener Venn ▽

Besuch bei den Affen

Einer der interessantesten Plätze in Rheine ist der Tierpark, draußen bei der Saline, wo noch die Reste eines einstmals großen Gradierwerkes stehen. In diesem Tierpark wird den Tieren weitmöglichste Freiheit geboten, und sehens- und besuchenswert ist besonders der Affenwald. In dem kann der Besucher unmittelbaren Kontakt zu Berberaffen bekommen, die in ihrer nordafrikanischen Heimat auf der Roten Liste der gefährdeten Tiere stehen. Auch die Ruhebänke am Wege sind für Affen wie für Menschen da. Die Affen, das sei am Rande vermerkt, benehmen sich sehr gesittet.

Pättkes-Touren um Ochtrup

Eine typisch münsterländische Idylle ist Ochtrup, wo sich eine der kleinsten und auch wohl reizvollsten Wasserburgen des Landes befindet: das Haus Welbergen.

Es ist das Land der Pättkes-Touren, der Radwanderungen. Aber auch für (Fuß-)Wanderer gibt es viele einsame Pfade – zum Beispiel im Gildehauser Venn.

Ein Ausflug nach Bad Bentheim

Von Ochtrup ist es nur noch ein Katzensprung über die westfälisch-niedersächsische Grenze nach Bad Bentheim. Dort steht auf einem der letzten Ausläufer des deutschen Mittelgebirges hoch über der Ebene eine der eindrucksvollsten Burgenkomplexe des Landes.

In der Burganlage ist auch der Herrgott von Bentheim zu Hause, ein Kruzifix aus dem 11. Jahrhundert und damit eines der ältesten steinernen Kunstdenkmäler in Deutschland. Von ihm weiß man, daß es als Ausdruck des Zorns schon in der Sprache der mittelalterlichen Landsknechte einen Platz hatte. ›Herrgott von Bentheim!‹ brüllten die Kerle. Und wenn es einmal ganz schlimm kam, tobten sie wohl auch: ›Herrgott von Bentheim, Tecklenburg und Rheda!‹ Und dann konnte man jedem friedliebenden Bürger nur empfehlen, ihre Nähe zu meiden.

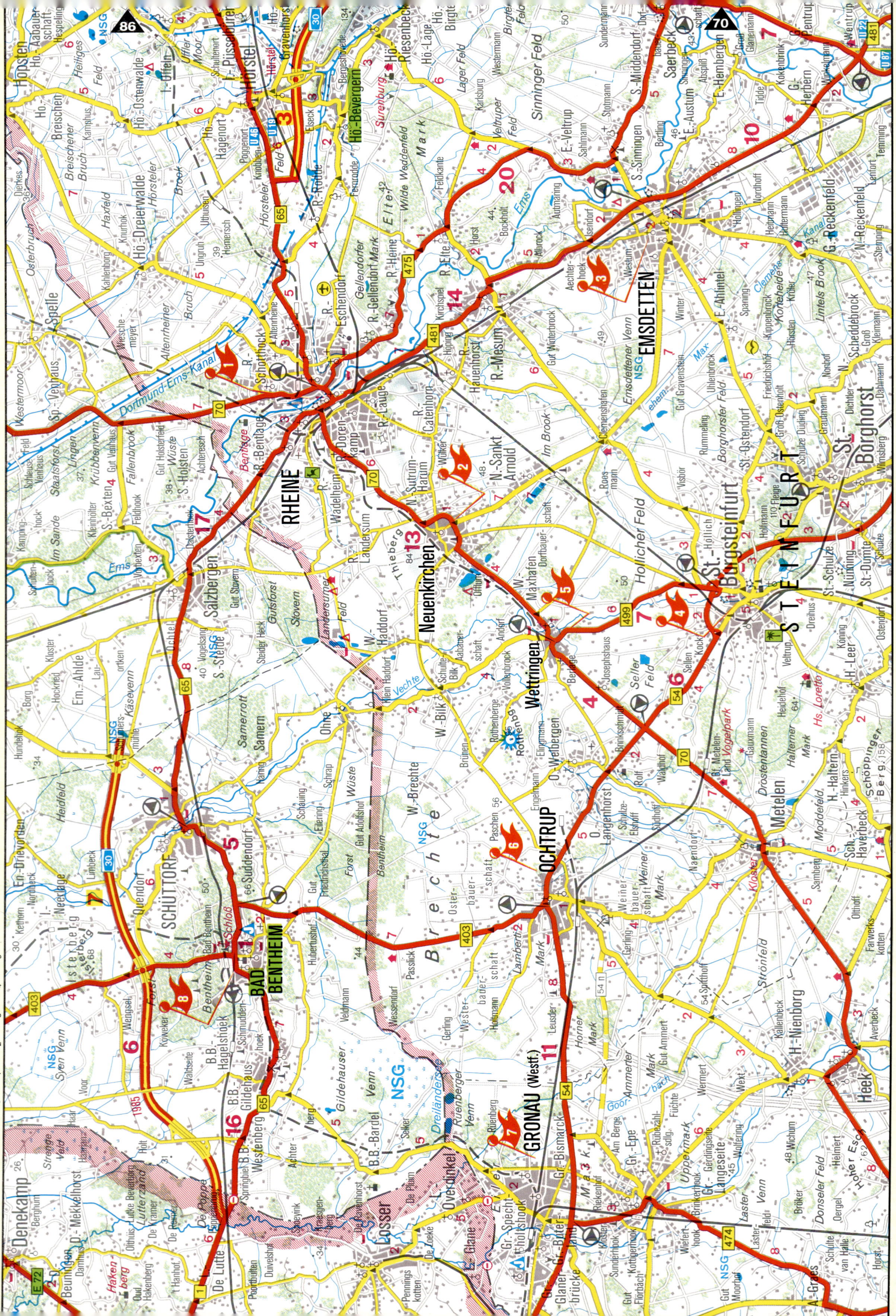

Maßstab 1 : 150 000
km
RHEINE
EMSDETTEN
Neuenkirchen
Wettringen
OCHTRUP
SCHÜTTORF
BAD BENTHEIM
GRONAU (Westf.)
STEINFURT
St.-Borghorst
St.-Burgsteinfurt
Metelen
Salzbergen
Spelle
Hörstel
Denekamp
Losser
Overdinkel
Heek
Dortmund-Ems-Kanal
Ems
Vechte
NSG
86
70

Wo gibt es was?

Fähnchennummer = Textnummer ❶ = Auskunft

Rheine ①

Die Stadt an der Ems wurde 838 erstmals erwähnt; Grund, das Ereignis 1988 (1150 Jahre) gebührend zu feiern. Die seinerzeit an einem Emsübergang und wichtigen Handelsstraßen gelegene Siedlung bekam im 13. Jh. strategische Bedeutung und wurde im 14. Jh. befestigt (Stadtrecht 1327). Schwere Schäden im Dreißigjährigen Krieg. Wichtiger Erwerbszweig ist seit dem Mittelalter die Textilindustrie.
Zu den Sehenswürdigkeiten gehören die spätgotische St. Dionysius-Kirche aus dem 15. Jh. mit reicher Ausstattung und die neuromanische St. Antonius-Basilika (1905), deren 102,5 Meter hoher Turm der höchste des Münsterlandes sein soll. Der Vorgänger des Falkenhofes, eines Adelshofes aus dem 16. Jh., gilt als karolingische Urzelle der Stadt; er beherbergt heute ein Museum mit Heimatkundlichem, eine der bedeutendsten Waffensammlungen Westfalens, Kunstausstellungen und auch etwas zur Textilindustrie (geöffnet montags bis freitags und sonntags nur vormittags, dienstags und donnerstags auch nachmittags).
Im Stadtteil *Bentlage* das technische Kulturdenkmal der restaurierten Salinenanlage ›Gottesgabe‹ mit Salzsiedehaus und Gradierwerk (Salzgewinnung ab 1603, Solbad ab 1890) und das Schloß Bentlage (15. und 17. Jh.; zur Zeit Restaurierung). Im Tierpark Streichelzoo und Affenwald.
Zentraler Ort für Ausflüge, Bootsfahrten auf der Ems und Pättkes-Touren. Im Stadtpark Sport- und Freizeitzentrum unter anderem mit Eissporthalle und Freibad, Planwagenfahrten im Erholungsgebiet *Elte* mit Naturschutzgebiet Elter Dünen. Ausgangspunkt des ›Hermannsweges‹, eines Fernwanderweges auf dem Kamm des Teutoburger Waldes. Reiten.
Am Rosenmontag der größte Karnevalsumzug des Münsterlandes, am letzten Samstag der Sommerferien (Nordrhein-Westfalens) der größte Flohmarkt Deutschlands und Ende August/Anfang September eine Straßenparty in der City mit einer Ems-Regatta. Am zweiten Freitag im September ist der internationale Ems-Köppken-Citylauf (2 bis 12 Kilometer). Am dritten Wochenende im Oktober wird die größte Herbstkirmes des Münsterlandes gefeiert. Am 6. Dezember kommt Nikolaus mit dem Boot auf der Ems gefahren, Ende November bis Mitte Dezember ist Weihnachtsmarkt, und am Mittwoch um Thomas Apostel (21. 12.) ist Kalter Markt.
❶ Verkehrsverein, Bahnhofstraße 16, 4440 Rheine.

Neuenkirchen ②

Neuenkirchen ist ein freundlicher Ort mit von Kiefernwäldern umgebenen Baggerseen (Angeln, Windsurfen, Segeln). Naturfreibad, viele Wanderwege und Reitmöglichkeiten. Sehr beliebt sind Gärtnermarkt (Mai) und Nikolausmarkt.
❶ Gemeindeverwaltung, Rathaus, 4445 Neuenkirchen.

Emsdetten ③

Der Ort war einst das Jutezentrum von Deutschland und wird auch heute von Metall- und Textilindustrie geprägt. Das August-Holländer-Museum zeigt Stadtgeschichtliches (geöffnet sonntag- und mittwochvormittags sowie donnerstagnachmittags). Ausgangspunkt für Ausflüge und Pättkes-Touren (ausgedehnte Wälder, Naturschutzgebiet Emsdettener Venn), Reitplätze und Bademöglichkeiten. Karneval, Mai- und Herbstkirmes (September) sowie Schützenfest (Juli).
❶ Verkehrsverein, Am Markt, 4407 Emsdetten.

Steinfurt ④

Durch den Zusammenschluß der Städte *Borghorst* und *Burgsteinfurt* wurde 1975 die Stadt Steinfurt gebildet. Bindeglied der beiden Städte ist ein großes Waldgebiet, in dem sich das Bagno befindet, eine 1765 begonnene Parkanlage. Borghorst geht auf ein 968 gegründetes Stift zurück. Sehenswert sind dort die Aloysius-Kapelle (1756) sowie die Stiftskapelle an der das Stadtbild beherrschenden St. Nikodemus-Pfarrkirche (1889); in ihr ein romanischer Drachenleuchter aus dem 12. Jh. und ein ottonisches Reliquienkreuz aus dem 11. Jh. Außerdem das Rathaus von 1887.
In Burgsteinfurt sollte man sich vor allem das historische Alte Rathaus (1561) ansehen, die Patrizierhäuser, die Hohe Schule von 1591 (Verwaltung; Heimatmuseum im Aufbau im Nebenbau), die einmal die erste Universität Westfalens war, und vor allem das alte Wasserschloß, das eines der schönsten und größten in Westfalen ist (An- und Umbauten bis ins 19. Jh.; Privatbesitz). Sehenswert außerdem die romanisch-gotische Kirche (14. und 15. Jh.) und die gotische Kleine Kirche (um 1475).
Pättkes-Touren (Radfahren), Bootfahren, Planwagenfahren, Wandern, Reiten, natürlich Baden und Golf. Besuchenswert ist in der benachbarten Gemeinde *Metelen* der Vogel- und Freizeitpark Metelener Heide mit über 2000 Vögeln aus allen Kontinenten (täglich geöffnet).
An Restaurants empfehlenswert sind in Burgsteinfurt die »Schloßmühle« (Burgstraße 17; regionale Küche) und »Jochens Landhaus« in Sellen (Richtung Ochtrup; regionale Küche).
❶ Verkehrsverein, Altes Rathaus, Markt 2, 4430 Steinfurt.

Wettringen ⑤

Die Parklandschaft macht den kleinen Ort Wettringen, 838 erstmals erwähnt, attraktiv. Seine neugotische Kirche ersetzte 1862 den alten Bau. Wassersportmöglichkeiten bieten die Haddorfer Seen. Hallenbad und Naturfreibad.
❶ Verkehrsamt, Kirchstraße 19, 4441 Wettringen.

Ochtrup ⑥

Inmitten einer typisch münsterländischen Parklandschaft liegt Ochtrup, ideal geeignet als Ausgangspunkt für Wanderungen und Pättkes-Touren. Besondere Sehenswürdigkeit des Ortes ist das *Haus Welbergen;* eine ehemalige Wasserburg (um 1560 und um 1730; Privatbesitz). Aus der Brechte holten sich die Töpfer den Ton für die bis heute hergestellten ›Ochtruper Nachtigallen‹ (Flöten). Empfehlenswert das Restaurant »Alter Posthof Haus Welbergen« (Bökerhook 4, regional orientiert).
❶ Verkehrsamt, Meisenstraße 26, 4434 Ochtrup.

Gronau ⑦

Gronau mit dem Erholungsgebiet *Dreiländersee* (im Dreiländereck Nordrhein-Westfalen, Niedersachsen und Niederlande) ist mit seinen Parks ein beliebtes Ausflugsziel. Sehenswert sind der Vogel- und Tierpark, der efeuumrankte Rathausturm im Stadtteil *Epe* und der Drilandstein (Grenzstein) von 1658.
❶ Verkehrsverein, Konrad-Adenauer-Straße 3, 4432 Gronau.

Bad Bentheim ⑧

Das Schwefelheilbad (seit 1711) ist vor allem durch sein mittelalterliches Felsenschloß bekannt (13.–19. Jh.; ›Herrgott von Bentheim‹ aus dem 12. Jh.). Aus dem 17. Jh. die beiden Johanneskirchen. Fürstliches sowie Schloßmuseum in der Katharinenkirche im Schloß (beide täglich geöffnet März bis Oktober); Volkskundliches und Geologisches im Kreismuseum (geöffnet donnerstag- und freitagnachmittags sowie samstagvormittags). Empfehlenswert das Restaurant »Grossfeld« (gut bürgerlich).
❶ Verkehrsbüro, Schloßstraße 2, 4444 Bad Bentheim.

Das Magazin für faszinierende Themen.
HB Bild atlas SPEZIAL 14
Alte Handwerke
Bisher erschienen:
1 Strände an Nord- und Ostsee
2 Wein in deutschen Landschaften
3 Volksfeste in Deutschland
4 Höhlen in Deutschland
5 Die deutschen Alpen
6 Freilichtmuseen in Deutschland
7 Brücken in Deutschland
8 Seen in Deutschland
9 Burgen am Rhein
10 Parks und Gärten in Deutschland
11 Bauwerke der Gründerzeit
12 Das deutsche Bier
13 Wasserschlösser im Münsterland
14 Alte Handwerke
15 Flüsse in Deutschland
16 Weinlandschaft Rheinpfalz
Hier dreht sich alles um ein ganz spezielles Thema.
Der HB-Bildatlas Spezial bietet Ihnen umfassende Informationen und faszinierende Farbfotos zu einem besonderen Thema. Jeder Band ist Ratgeber, Dokumentation, Bildband und Lesespaß in einem. Von kompetenten Experten sorgsam recherchiert und fotografiert, erfahren Sie alles Wissenswerte über außergewöhnliche Themen. Mit rund 150 Farbfotos auf 116 Seiten. Alle 3 Monate. Format 22 x 30 cm.
Eine weitere Serie aus dem HB Verlag, Hamburg.
HB Bild atlas SPEZIAL